....

Bibliografische Information der Deutschen Nationalbibliothek
Die Deutsche Nationalbibliothek verzeichnet diese Publikation
in der Deutschen Nationalbibliografie; detaillierte bibliografische Daten sind im Internet über http://dnb.d-nb.de abrufbar.

Besuchen Sie uns im Internet:
www.st-benno.de

Gern informieren wir Sie unverbindlich und aktuell auch
in unserem Newsletter zum Verlagsprogramm,
zu Neuerscheinungen und Aktionen.
Einfach anmelden unter www.st-benno.de.

ISBN 978-3-7462-6107-2

St. Benno Verlag GmbH, Leipzig 2021
Umschlaggestaltung: Rungwerth Design, Düsseldorf
Umschlagabbildung: Giusto de' Menabuoi, Der Kuss des Judas
(1375), © Hervé Champollion/akg-images
Gesamtherstellung: Kontext, Dresden (A)

Fabian Brand

Judas

Was Sie schon immer
über den Apostel
wissen wollten

Fragen
&
Antworten

benno

Fabian Brand

Judas

Was Sie schon immer
über den Apostel wissen wollten

Fragen & Antworten

Inhalt

Fragen zu Judas Iskariot

„Judas ist der einzige Mensch, von dem wir mit Sicherheit wissen, dass er ewig verdammt ist."
Ernst Wilhelm Hengstenberg, 1802–1869

„Judas war der allergläubigste."
Friedrich Hebbel, 1813–1863

Zwei Zitate stehen am Anfang dieses Buches über Judas Iskariot. Und sie markieren in aller Deutlichkeit das Fahrwasser, in das hinein wir uns im Folgenden begeben werden: ein Fahrwasser, das immer wieder geprägt ist von Extrempositionen und Verzeichnungen.

Judas polarisiert. Er hat es oft getan in den vergangenen zweitausend Jahren der Geschichte. Und dabei gehen die Positionen doch sehr stark auseinander. Während ihn die einen als den Einzigen sehen, der überhaupt die Botschaft Jesu in rechter Weise verstanden hat, haben ihn die anderen als Versager, Sünder und Verdammten schlechthin hingestellt.

Wenn wir uns der Person des Judas Iskariot wirklich annähern wollen, dann müssen wir uns frei machen von solchen Pauschalurteilen. Wir müssen Schicht um Schicht, die über diese Gestalt gelegt worden ist, abtragen und aus einem nüchternen Befund heraus versuchen, uns Judas anzunähern. Das ist nicht leicht, weil uns zwei Dinge entgegenstehen: erstens die spärlichen historischen Angaben, die wir über Judas finden können. Und zweitens die vielen Vorurteile, mit denen Judas im Lauf der Geschichte belegt worden ist.

Es ist gut und wichtig, immer auch einen neuen Blick auf jemanden zu werfen, von dem man doch glaubt, ihn zu kennen. So ist es auch bei Judas. Wer seinen Namen hört, denkt sofort an den Verrat. Aber ist damit alles über diesen Judas gesagt? Wird das seiner Person und seinem Leben wirklich gerecht?

Dieses Buch ist eine Einladung, sich diesem Judas Iskariot einmal auf anderen Wegen anzunähern. Viele Fragen, die sich rund um sein Leben ranken, können nicht mit Sicherheit beantwortet werden. Dafür sind die Quellen, die von seinem Wirken berichten, zu rar. Doch selbst bei den Fragen, bei denen vorderhand keine Antwort möglich ist, werden Perspektiven aufgerissen. Es geht darum, sich einzulassen auf die Annäherung an eine Person, wie sie vielleicht auch gewesen sein könnte. Judas neu kennenzulernen, Wissenswertes über ihn zu lernen und ihm und seinen Lebenslinien nachzuspüren. Es ist ein lehrreiches Abenteuer, eines, das auch zeigt, wie wenig Vorurteile tragen und wie gut es tut, Menschen einen Neuanfang zu gewähren, die man offenkundig schon lange abgeschrieben hat.

Eine gute und anregende Lektüre
wünscht Ihnen
Ihr Fabian Brand

Historische Person

Wer war Judas?

Judas ist ein traditioneller jüdischer Name, der eine lange Geschichte hat. Schon im ersten Buch der Bibel, der Genesis, taucht er erstmals auf: Der vierte und letzte Sohn von Jakob und Lea erhält den Namen Juda. Die Namensgebung wird auch erläutert: „Da sagte Lea: Diesmal will ich dem HERRN danken. Darum nannte sie seinen Namen Juda – Dank" (Gen 29,35). Wenngleich das Leben von Juda auch nicht ohne Vergehungen bleibt (vgl. Gen 38), so wird Juda doch vor allem mit dem Segenszuspruch verbunden, den er von Gott erhält: „Nie weicht von Juda das Zepter, der Herrscherstab von seinen Füßen, bis Schilo kommt, dem der Gehorsam der Völker gebührt" (Gen 49,10). Juda erhält somit eine sehr positive Deutung, die dann noch einmal eine besondere Note bekommt, weil man diesen Segenszuspruch messianisch gedeutet hat. Der kommende Messias steht also in einer engen Verbindung zu Juda.

In der Geschichte Israels hat es viele Männer gegeben, die diesen Namen trugen. Prominent ist sicher Judas Makkabäus, der als Anführer eines Aufstandes zur Befreiung Jerusalems von der Herrschaft der Seleukiden beigetragen hat. Als der Jerusalemer Tempel von der hellenistischen Obermacht entweiht worden war und die jüdische Bevölkerung gezwungen wurde, einen heidnischen Glauben anzunehmen, haben Judas und seine Anhänger für die Einhaltung der jüdischen Gesetze gekämpft. Seine Geschichte ist in den beiden Makkabäerbüchern unserer Bibel überliefert.

Auch ein Zeitgenosse des Herodes des Großen, von dem der jüdisch-hellenistische Geschichtsschreiber Flavius Josephus berichtet, hieß Judas. Er war ebenfalls ein Kämpfer für die jüdische Tradition und setzte sich vehement dafür ein, dass alle Bräuche und Sitten abgeschafft wurden, die dem traditionellen jüdischen Glauben entgegenstanden.

Wer den Namen Judas trug, stand also für Tradition. In biblischer Zeit war es ein geläufiger Name, den wahrscheinlich sehr gläubige Eltern ihren Söhnen gaben. Es war ein Name, der für die lange Geschichte des Volkes Israel stand und für die Segenszusage, die seit alter Zeit mit diesem Namen verbunden war. Wenn der Segensspruch aus dem Buch Genesis später messianisch verstanden wurde, dann heißt das auch: Judas war ein Name, der in engem Zusammenhang mit dem kommenden Heilsbringer stand, dessen Ankunft in dieser Welt man erwartete.

Es bleibt freilich Spekulation, warum der neutestamentliche Judas gerade diesen Namen trug. Einerseits könnte er aus einem traditionellen jüdischen Elternhaus gekommen sein, in dem das Einhalten der jüdischen Gesetze und Bräuche sehr hochgehalten wurde. Andererseits ist aber auch der messianische Gedanke durch Judas präsent: Er war ein enger Begleiter dessen, den Simon Petrus als den Christus, den Messias, bekannt hat.

Was bedeutet der Beiname „Iskariot"?

Warum Judas den Beinamen „Iskariot" trug, lässt sich nicht vollständig klären. Möglich ist, dass ihn die Evangelien vor allem mit diesem Beinnamen nennen, um ihn von anderen Personen, die Judas hießen, zu unterscheiden. So taucht zum Beispiel in der Liste der zwölf Apostel, wie sie Lukas überliefert, noch ein weiterer Judas auf: Judas, der Sohn des Jakobus (Lk 6,16). Und auch ein Herrenbruder soll gemäß Mk 6,3 diesen Namen getragen haben. Um den Beinamen „Iskariot" zu erklären, haben sich vor allem drei Deutungsvarianten durchgesetzt:

(1) Zur Zeitenwende gab es eine Gruppierung, die den Namen „Sikarier" trug. Das lateinische Wort bedeutet so viel wie „Messerstecher" und macht damit bereits deutlich, dass es sich um eine gewaltbereite Truppe handelte, die vor allem gegen die römische Besatzungsmacht vorging. Oftmals werden die Sikarier zusammen mit den Zeloten als terroristisch geprägte

Gruppe bezeichnet, denen daran gelegen war, den Widerstand gegen Rom mit allen Mitteln durchzusetzen. Der Glaube an JHWH, den rettenden und befreienden Gott Israels, war für sie die treibende Kraft und alle, die sich an weltliche Herrscher und Herrschaften banden, waren diesen Gruppen ein Dorn im Auge. Ob Judas ein Mitglied der Sikarier war, lässt sich nicht zweifelsfrei klären. Vor allem sein entschlossenes Handeln, Jesus in die Hände der Tempelaristokratie zu treiben, scheinen dafür zu sprechen. Doch bleibt offen, ob es die Sikarierer zur Zeit Jesu überhaupt schon gegeben hat und ob der Beiname „Iskariot" wirklich ein Indiz für eine Zugehörigkeit zu ihnen ist. Gerade Letzteres scheint von der Forschung als eher abwegig angesehen.

(2) Einer anderen Deutung zufolge verweist der Name auf die Herkunft: Man hat den Beinamen als „ish kariot" verstanden, was ins Deutsche übertragen bedeutet: „Mann aus Kariot". Zwar wird in Jos 15,25 tatsächlich ein Ort namens Kerijot genannt, doch ist unklar, ob

die Ortslage zu Beginn der christlichen Zeit-
rechnung überhaupt noch existierte.

(3) Mithilfe von aramäischen Worten, von denen „Iskariot" abgeleitet sein könnte, hat man
den Beinamen als „Auslieferer" oder „Mann
der Lüge" verstanden. Dementsprechend
hätte Judas diesen Namen erst nach Ostern
erhalten, also nachdem er Jesus an die Tempelaristokratie ausgeliefert hatte. Aber auch
diese Erklärung überzeugt nicht wirklich. Gerade Markus übersetzt für seine Gemeinde, die
Griechisch sprach, viele der wichtigen hebräi-
schen und aramäischen Begriffe und Ausdrü-
cke (z.B. Golgota). Wenn also Iskariot tatsächlich ein sprechender Name war, der auf die Tat
des Judas hinweist, dann wäre der aramäische
Ausdruck für die Gemeinde des Markus unverständlich geblieben.

Am Ende bleibt die nüchterne Feststellung,
dass man nicht weiß, woher der Name „Iskariot" wirklich kommt. Am ehesten ist noch
wahrscheinlich, dass es sich dabei um eine
bloße Herkunftsangabe handelt. Judas stamm-

te eben aus dem Ort Kerijot, auch wenn wir heute nicht mehr wissen, wo dieses Dorf gelegen hat.

Was berichtet die Bibel von Judas?

Auffallend ist, dass alle vier Evangelien und die Apostelgeschichte übereinstimmend über Judas berichten, alle anderen neutestamentlichen Schriften aber über ihn und sein Schicksal schweigen. Dabei werden vor allem zwei Dinge prominent hervorgehoben:

(1) Judas gehörte zu den zwölf Aposteln. In den Evangelien wird erzählt, dass der irdische Jesus aus der Schar der Menschen, die ihm nachfolgten, zwölf Männer auserwählt hatte, die er als Apostel einsetzte. Nach Markus haben die Apostel eine doppelte Aufgabe: Jesus „setzte zwölf ein, damit sie mit ihm seien und damit er sie aussende, zu verkünden und mit Vollmacht Dämonen auszutreiben" (Mk 3,14f.).

Einer dieser zwölf Männer war Judas mit dem Beinamen „Iskariot".

Auffallend ist dabei, wie unterschiedlich die vier Evangelien die Mitgliedschaft des Judas im Zwölferkreis kommentieren: Bei Matthäus heißt es, er sei der gewesen, „der ihn ausgeliefert hat" (Mt 10,4). Dieser Kommentar findet sich ebenso bei Markus (Mk 3,19). Lukas hingegen benennt Judas als jenen, „der zum Verräter wurde" (Lk 6,16), und Johannes betont mit Nachdruck, dass der, der ihn ausliefern sollte, einer der Zwölf war (Joh 6,71).

Im Johannesevangelium erfahren wir auch etwas über die Abstammung des Judas: Dort heißt es, er sei der Sohn des Simon Iskariot gewesen (Joh 6,71). Das deutet möglicherweise darauf hin, dass Judas aus einem gläubigen Elternhaus stammte. Immerhin war Simon ein Vorname, den gläubige Juden häufig trugen. Er verweist zum Beispiel auf Simeon, einen der Stammväter der zwölf Stämme Israels. Dass auch sein Vater den Beinamen Iskariot trug, mag die These unterstützen, dass es sich hierbei um eine Ortsangabe handelt. Judas und sein Vater stammten wohl aus dem Ort Iskariot und konnten über diesen Beinamen identifiziert werden. Freilich ist die Nennung des Vaters von Judas singulär und taucht nur bei Johannes auf. Da das Johannesevangelium erst relativ spät entstanden ist, darf man Zweifel haben, ob Simon Iskariot als Vater des Judas wirklich historisch verbürgt ist.

(2) Judas hat vor allem deshalb Bekanntschaft erlangt, weil er derjenige war, der Jesus an die Tempelaristokratie verraten hat. Diese Tat, die in der Charakterisierung bei seiner Mitgliedschaft im Zwölferkreis schon anklingt, wird ebenfalls in allen Evangelien erzählt. Der älteste Passionsbericht, der sich bei Markus überliefert findet, fasst dabei die Grundzüge so zusammen: „Judas Iskariot, einer der Zwölf, ging zu den Hohepriestern. Er wollte Jesus ausliefern" (Mk 14,10). Und später, als Jesus nach dem letzten Abendmahl hinüber in den Garten Getsemani geht, um dort mit seinen Jüngern

zu beten, „kam Judas, einer der Zwölf, mit einer Schar von Männern, die mit Schwertern und Knüppeln bewaffnet waren" (Mk 14,43). Im Großen und Ganzen lässt sich das Tun des Judas so rekonstruieren: Er hat sich mit den Hohepriestern verbündet, um ihnen den Aufenthaltsort Jesu zu verraten und es ihnen so zu ermöglichen, Jesus gefangen zu nehmen und anzuklagen. Die Gründe und die Motivation des Judas bleiben zunächst einmal völlig offen. Bei Markus erfahren wir nichts über die Hintergründe, die Judas zu dieser Tat bewegt haben. Ziemlich nüchtern beschreibt er nur, was Judas getan hat.

Dieses Handeln des Judas findet sich auch in den anderen drei Evangelien überliefert, erhält aber dort jeweils eine besondere Akzentuierung und wird weiter ausgestaltet. Bei Matthäus wird Judas schon im Abendmahlssaal von Jesus als Verräter entlarvt (Mt 26,25) und als Entlohnung für den Verrat an die Hohepriester erhält Judas einen Lohn von dreißig Silberstücken (Mt 26,15). Auch über das weitere Schicksal des Judas wird bei Matthäus berichtet: Als er sieht, wie Jesus gefangen genommen wird, bereut er seine Tat und bekennt seine Schuld, indem er den Lohn den Hohepriestern zurückbringt (Mt 27,3ff.). Anschließend nimmt sich Judas das Leben, indem er sich erhängt. In der Chronologie des Matthäus stirbt Judas daher noch vor Jesus.

Lukas geht noch einen Schritt weiter: Als das Paschafest nahekommt, identifiziert Lukas einen Augenblick, in dem sich Judas vom Freund zum Feind wandelt: „Da fuhr der Satan in Judas, genannt Iskariot, der zu den Zwölf gehörte" (Lk 22,3). Und er sucht die Hohepriester auf, um mit ihnen zu beraten, wie man Jesus am einfachsten ausliefern könne. Als Lohn für seine Kooperation beschließen die Hohepriester, ihm Geld zu geben. Von diesem Augenblick an sucht Judas nach einer günstigen Gelegenheit, um Jesus auszuliefern. Dabei erzählt Lukas sehr detailliert, wie die Identifikation Jesu in Getsemani erfolgte: nämlich durch einen Kuss (Lk 22,48). Ein Zeichen der Liebe und innigen Verbundenheit wird im Zuge der Passionserzählung zum Signal für einen Verrat und zum Anlass, jenen Menschen, dem der Kuss gilt, gefangen zu nehmen.

Über das weitere Schicksal des Judas berichtet Lukas nicht in seiner Evangelienschrift, sondern in der Apostelgeschichte. Im Zuge der Wahl des Matthias, der die frei gewordene Stelle im Apostelkollegium übernehmen soll, heißt es über Judas: „Mit dem Lohn für seine Untat kaufte er sich ein Grundstück. Dann aber stürzte er vornüber zu Boden, sein Leib barst auseinander und alle seine Eingeweide quollen hervor" (Lk 1,18). Ob Lukas bei dieser Beschreibung des qualvollen Endes des Judas an einen Selbstmord oder an einen Unfall denkt, bleibt in der Erzählung offen.

Im Johannesevangelium findet sich eine nähere Beschreibung der Tat des Judas: Dort heißt es, der Satan sei in Judas gefahren, als er beim letzten Abendmahl von Jesus einen Bissen Brot erhielt (Joh 13,27). Typisch für Johannes ist die Souveränität Jesu; Jesus weiß bereits alles,

Darstellung des Letzten Abendmahls in einem Fresko. Judas empfängt das Stück Brot von Jesus, mit dem dieser ihn als den Verräter identifiziert.

was im Folgenden geschehen wird, und deutet es mit den Worten an: „Was du tun willst, das tue bald!" (Joh 13,27). Für die anderen Apostel bleiben diese Worte unverständlich. „Weil Judas die Kasse hatte, meinten einige, Jesus wolle ihm sagen: Kaufe, was wir zum Fest brauchen!" (Joh 13,29). Nach dem Mahl geht Judas hinaus und sucht wohl in diesem Augenblick die Hohepriester auf, um zusammen mit ihnen nach Getsemani zu kommen (18,2).

Was ist das Judasevangelium, was berichtet es über Judas?

Das Judasevangelium ist eine Handschrift, die nicht in den Kanon der biblischen Schriften aufgenommen worden ist. Sie wurde in den 1970er Jahren in Mittelägypten gefunden und lässt sich in das dritte oder vierte nachchristliche Jahrhundert datieren. Manche Forscher gehen auch von einer Entstehung bereits am Ende des zweiten Jahrhunderts aus. Wann genau diese Schrift entstanden ist, bleibt offen. Sicher ist nur, dass das Judasevangelium erst viele Jahre nach den vier kanonischen Evangelienschriften verfasst worden ist.

Dass der neutestamentliche Judas daher als Verfasser infrage kommt, ist von vornherein auszuschließen. Wer das Judasevangelium geschrieben hat, bleibt im Dunkeln.

Das Evangelium besteht aus mehreren Gesprächen, die Jesus mit seinen Jüngern kurz vor seiner Passion führt. Besonders auffallend ist dabei, dass Judas eine besondere Stellung einnimmt, weil er sich öfters allein mit Jesus im Gespräch befindet. Insgesamt scheint die Tendenz des Judasevangeliums zu sein, die Person des Judas vor den anderen Apostel herauszustellen. So wird zum Beispiel eine Situation in diesem Evangelium geschildert, bei der es einzig Judas ist, der ein rechtes Glaubensbekenntnis über Jesus ablegt. Die Bekenntnisse der anderen Jünger werden dagegen als nicht zureichend und wertlos disqualifiziert. Damit kommt sehr deutlich zum Tragen, was auch an anderer Stelle in dieser Evangelienschrift deutlich wird: dass eigentlich Judas jene Figur ist, die im Johannesevangelium als „Lieblingsjünger" gekennzeichnet wird. Judas ist der eigentliche Auserwählte, der damit jene Rolle einnimmt, die in den kanonischen Evangelien dem Petrus zugedacht wird. Konsequenterweise schwingt damit im Judasevangelium auch eine Kritik an der Kirche mit, da sie eben die wirkliche Position des Judas nicht erkannt hat und ihn in ihren als kanonisch anerkannten Evangelien nicht gut wegkommen lässt.

Damit wird ziemlich gut deutlich, was die Aussageabsicht des Judasevangeliums ist: Es ist der Versuch einer frühen Gruppierung, die vielleicht aus dem gnostischen Umfeld stammt, eine Sonderlehre zu rechtfertigen, die sich von der Lehre der Kirche abhebt und sich dabei auf die Gestalt des Judas stützt. Weil Judas selbst zum Apostelkreis gezählt wurde, weil er selbst von Jesus auserwählt war, kann sich diese Gruppierung auf einen Gewährsmann stützen, der eine gewisse Autorität besitzt. Mit dem

Judasevangelium versuchte also eine christliche Gruppierung, eine Sonderlehre zu legitimieren, die sich von der Lehre der Großkirche unterschied, und mittels der Berufung auf den Apostel Judas ihre Botschaft zu rechtfertigen. Historisches Material, wie biografische Daten des Judas, sind dieser Schrift daher auch nicht zu entnehmen.

Wie kam Judas zu Jesus und den Jüngern?

Wie Judas zu Jesus und seinen Jüngern gelangt ist, wissen wir nicht. In den neutestamentlichen Schriften findet sich keine Berufungserzählung, wie dies zum Beispiel bei Simon und Andreas oder beim Steuerpächter Matthäus der Fall wäre. Einzig die Apostellisten der Evangelien führen ihn übereinstimmend an der letzten Stelle der Aufzählung an. Damit ist jedenfalls gesichert, dass Judas zum engeren Umkreis Jesu und seiner Anhänger gehört hat.

Wie er aber zu Jesus gestoßen ist, woher er stammte und welchen Beruf er zuvor ausübte, überliefern die neutestamentlichen Schriften nicht.

Welches war seine Stellung unter den Jüngern?

Judas war ein Apostel und gehörte damit zum inneren Kreis jener Menschen, die Jesus nachfolgten. Im Gegensatz zu Simon Petrus oder zu Petrus, Johannes und Jakobus scheint Judas keine besondere Stellung in dieser Gruppe eingenommen zu haben. Zumindest erzählen die Evangelien nichts darüber, dass Judas eine besondere Beziehung zu Jesus hatte oder dass Jesus Judas ein bestimmtes Amt anvertraut hätte.

Eine kleine Nebenbemerkung, die im Zuge der johanneischen Fußwaschung fällt, zeigt aber an, dass Judas trotzdem eine Aufgabe hatte: „Weil Judas die Kasse hatte" (Joh 13,29), heißt es dort. Diese kleine Randbemerkung könnte ein Hinweis darauf sein, dass Judas der Kassenwart der Apostel war. Freilich ist relativ unsicher, ob die Schar, die sich um Jesus gruppiert hatte, eine eigene Kasse besaß und damit notwendige Ausgaben finanzierte. Immerhin hätte dies dem Anspruch Jesu radikal widersprochen, den er an seine Jünger stellte: Wenn sie hinausgehen in die Welt und den Menschen das Evangelium verkünden, dann sollen sie nichts dabeihaben, keinen Vorrat und kein Geld mitnehmen.

Dennoch ist die Überlegung natürlich nicht ganz abwegig, dass Jesus und seine Jünger auch Gönner hatten, die durch eine kleine finanzielle Aufwendung dafür Sorge trugen, dass keiner aus der Jesus-Schar Hunger leiden musste. Im Zuge der Brotvermehrung fragen ja die Apostel bei Jesus nach, ob sie im nächsten Dorf Brot für die Menschen kaufen sollten. Es ist also nicht ganz abwegig, dass es eine Kasse gab, aus der die nötigsten Ausgaben, die für die Apostel anfielen, finanziert wurden.

Glaubt man der Notiz bei Johannes, so hat sie Judas verwaltet. Ob das jedoch auch historisch ist, muss angesichts der mageren Quellenlage offenbleiben.

Vor dem Verrat

War Judas habgierig?

Dass Judas die Kasse des Apostelkollegiums verwaltete, geht nicht nur aus der Notiz aus Joh 13,29 hervor. Bereits ein Kapitel vorher berichtet das Johannesevangelium von einer besonderen Beziehung des Judas zu den Finanzen: Bei der Salbung in Betanien (Joh 12,1-10), die in unmittelbarer Nähe zur Passion Jesu stattfindet, bringt Judas einen nachdrücklichen Einwand: „Warum hat man dieses Öl nicht für dreihundert Denare verkauft und den Erlös den Armen gegeben?" (12,5). Was zunächst wie ein gut nachvollziehbarer Vorschlag klingt – immerhin hätte man mit dem Geld sicher vielen Menschen etwas Gutes tun können –, wird vom Evangelisten sofort relativiert: „Das sagte er aber nicht, weil er ein Herz für die Armen gehabt hätte, sondern weil er ein Dieb war; er hatte nämlich die Kasse und veruntreute die Einkünfte" (12,6). Damit ist klar, worauf die von Judas vorgebrachte Bemerkung zielt: Er hätte das Geld gerne in seiner Kasse gehabt, um sich damit einen finanziellen Vorteil zu verschaffen.

Gerade diese kurze Episode, die nur bei Johannes überliefert ist, hat das Bild des Judas nachdrücklich beeinflusst: Nicht nur dass er Jesus verraten hat, er wird auch als einer beschrieben, der schon immer nur das Böse im Sinn hatte. Wenn er die Einkünfte veruntreut, dann zeigt das, dass man ihm nichts anvertrauen konnte, ohne dass er es zu seinem eigenen Vorteil ausgenutzt hätte. Er ist habgierig und spekuliert vielleicht auf das große Geld.

Doch entspricht das wirklich dem Bild, welches das Neue Testament von Judas malt? Tatsächlich ist hier eine differenzierte Betrachtung vonnöten. Wie wir bereits gesehen haben, hält sich das älteste Evangelium, das wohl einen ursprünglichen Passionsbericht verarbeitet, mit Aussagen über Judas stark zurück. Mehr als die Tatsache des Verrats erfahren wir bei

Judas erhält 30 Silberlinge für den Verrat Jesu, Fresko in der
Stiftskirche Santa Maria Assunta in San Gimignano, Italien

Markus nicht über Judas. Anders bei Johannes: Sein Evangelium ist erst viele Jahre nach Markus entstanden und gestaltet vieles aus, was bei Markus nur benannt wird. So ist auch ein Wandel beim Umgang mit der Figur des Judas zu beobachten: Während er in den ältesten Berichten nur im Moment des Verrates in ein schlechtes Licht rückt, wird er bei Johannes zu einer Person, die bereits lange vorher das Schlechte in sich trägt. Was Johannes mit der Notiz über die Veruntreuung der Einkünfte sagen möchte, lautet zusammengefasst: Eigentlich hatte dieser Judas schon immer nur Böses im Sinn. Dort, wo man ihm etwas anvertraut hat, hat er es zu seinem Vorteil genutzt.

Ob der historische Judas wirklich habgierig war, muss offenbleiben. Allein die Bemerkung bei Johannes, also einem sehr späten Zeugnis, legt diesen Gedanken nahe. Freilich bleibt unklar, ob auch der Verrat Jesu, für den Judas immerhin dreißig Silberlinge von den Hohepriestern einkassierte, aus Habgier erfolgte. Man mag aber doch seine Zweifel anbringen, denn um wirklich reich zu werden, hätte es auch damals schon andere Mittel und Wege gegeben. Und letztlich gründete der Verrat an Jesus wohl eher in einer radikalen Enttäuschung des Judas als in einer habgierigen Lebenseinstellung.

Zweifelte Judas an Jesus?

Es gibt tatsächlich Apostel, die an Jesus gezweifelt haben. Prominent ist hierbei sicher der Apostel Thomas zu nennen, welcher der Botschaft von der Auferstehung Jesu von den Toten zunächst keinen Glauben schenken mag (Joh 20,24-29). Thomas nimmt das, was ihm die anderen Apostel erzählen, nicht unhinterfragt an. Er bleibt kritisch und möchte selber sehen, selber dem auferstandenen Herrn begegnen. Bis heute wird er deshalb (zu Unrecht!) als Zweifler und Ungläubiger bezeichnet.

Auch andere Apostel hatten ihre Probleme mit Jesus: Als Jesus sein Leiden und seine Auferstehung ankündigt, da verstehen ihn die Jünger nicht (z.B. Lk 9,45). Sie wissen nicht, was er ihnen damit sagen will, dass der Menschensohn in die Hände von Menschen ausgeliefert wird (vgl. Lk 9,44). So oft begreifen sie nicht, was er ihnen sagen will, und sie beginnen, an ihm und seiner Botschaft zu zweifeln.

Dass Judas an Jesus gezweifelt hätte, wird uns nicht explizit überliefert. Es wäre aber zu einfach, daraus zu schließen: „Nein, Judas hat nie an Jesus gezweifelt!" Sicher hatte auch er seine Fragen an diesen Jesus. Auch er mag, wie die anderen Jünger, vieles nicht verstanden haben, was Jesus erzählt und gepredigt hat. Auch ihm sind Jesu Verhaltensweisen manchmal sicher fremd geblieben. Und eigentlich ist das ganz menschlich und nachvollziehbar: Denn Jesus tritt ja mit einem ganz eigenen Anspruch auf, er hat eine radikal neue Botschaft, die er den Menschen verkündet. Wer hätte da keine Zweifel? Selbst Simon, der von Jesus den Beinamen „Petrus" erhält, weil er ein Garant für den Christus-Glauben ist, verfällt in ein zutiefst menschliches Muster, als er Jesus verleugnet. Deswegen kann man wohl vermuten, dass auch Judas nicht frei war von Zweifeln an diesem Jesus.

Aber schlussendlich ist das auch gar nicht entscheidend, immer ohne Zweifel zu sein. Viel wichtiger ist das, was uns Petrus lehrt: Trotz allem Versagen und trotz aller Zweifel am Ende aus ganzem Herzen zu sagen: „Herr, du weißt alles, du weißt, dass ich dich liebe" (Joh 20,17). Auch wenn es scheint, dass Judas an diesem letzten Ja zu Jesus gescheitert ist, zeigt Matthäus, dass er seine Verbundenheit mit Jesus gerade dort ausdrückt, wo er sich selbst das Leben nimmt, noch bevor Jesus stirbt. Das Bewusstsein um die eigene Schuld lässt ihn keinen anderen Ausweg als den Selbstmord erkennen. Und diese Schuld ist deswegen so groß, weil er einen Menschen dem Tod ausgeliefert hat, den er wirklich liebt.

Was erhoffte sich Judas von Jesus?

Am Ende können wir nur vage vermuten, was sich Judas von Jesus wohl erhofft hatte. Sicher lag in ihm, wie auch in den anderen Aposteln, eine bestimmte Sehnsucht, da er sich diesem Jesus sonst wohl kaum angeschlossen hätte. So radikal, wie die Jüngerberufung bei Simon und Andreas geschildert wird, war sie wohl auch bei Judas. Auch er wurde von Jesus von seiner Familie und seiner Heimat weggerufen, auch er musste vieles hinter sich lassen, um in die Nachfolge Jesu eintreten zu können. All das hätte er wohl kaum gemacht, wenn ihn nicht irgendetwas an Jesus begeistert und angezogen hätte. War es die Predigtkunst des Menschen aus Nazaret? War es der Charme dieses Jesus, der so viele Menschen in seinen Bann zog? Oder war es die Botschaft, dass die Gottesherrschaft so nahegekommen ist, dass sie schon mitten in dieser Welt anbricht? Wir wissen es nicht.

Auch die Frage, ob sich Judas mehr von Jesus erhofft hatte, als dieser ihm geben konnte, bleibt offen. Geht man von der Annahme aus, dass der Verrat des Judas letztendlich in einer bitteren Enttäuschung über Jesus gründete, lässt sich formulieren: Vielleicht hatte Judas ganz andere Erwartungen an Jesus. Vielleicht hat Judas gemeint, Jesus sei ein politischer Messias, einer, der endlich der langen Oberherrschaft der Römer ein Ende macht. Vielleicht dachte Judas, dass Gottesreich sei in erster Linie an eine politische Herrschaft geknüpft und er selbst könne in diesem neuen Reich eine glänzende Karriere hinlegen. All dies bleibt aber Vermutung. Keines der Evangelien gibt uns auch nur den leisesten Hinweis dafür, worin der Grund für den Verrat lag.

Es scheint aber durchaus plausibel zu sein, dass Judas andere Hoffnungen in Jesus gesetzt hat und am Ende enttäuscht war, weil Jesus diese nicht erfüllen konnte.

War Judas Zelot?

Wie bereits angedeutet, könnte Judas aufgrund des Beinamens „Iskariot" der politischen Gruppierung der Sikarier zuzurechnen sein. Ganz abwegig scheint die Zugehörigkeit des Judas zu einer Gruppe wie den Sikariern oder Zeloten jedenfalls nicht zu sein. Mit Simon Zelotes, einem anderen Jünger Jesu, gibt es zumindest ausdrücklich ein weiteres Mitglied der Apostel, welches mit einer solchen Gruppe sympathisierte. Und schließlich legt der Evangelist Lukas einem der beiden Emmaus-Jünger folgenden Satz in den Mund: „Wir aber hatten gehofft, dass er der sei, der Israel befreien werde" (Lk 24,21). Manche Exegeten erkennen in diesen beiden Belegen ein Indiz dafür, dass etliche der engsten Anhänger Jesu eine politische Revolte vorbereitet hätten.

Freilich sind diese Argumente sehr schwach. Stärker wiegen doch die ausdrücklichen Jesus-Worte, in denen er sich gegen eine politische Herrschaft ausspricht. Als die Menschen ihn zum König ausrufen wollen, versteckt er sich. Und den Jüngern, die ihn als Messias bekennen, verbietet er, jemandem davon zu erzählen. Jesus hat Angst, als ein politischer Messias missverstanden zu werden, der er nun einmal nicht ist. Sein Reich ist nicht von dieser Welt, antwortet er dem Pilatus, als ihn dieser nach seinem Königtum befragt. Vielleicht ist es gerade diese Absage Jesu an jegliche Formen einer weltlichen Herrschaftsausübung, die auch in seinem Jüngerkreis Enttäuschungen provoziert hat. Wenn Judas jedenfalls mit den Sikariern oder Zeloten sympathisiert hat, ist sehr gut nachvollziehbar, wenn seine Erwartungen an Jesus nicht erfüllt worden sind.

Seit wann wusste Judas davon, dass Jesus in ihm seinen Verräter sah?

In den synoptischen Evangelien, also bei Markus, Matthäus und Lukas, taucht Judas in den Apostellisten immer mit dem Zusatz auf, er sei derjenige, der Jesus verraten würde. Ob damit ein Vorherwissen Jesu impliziert wird, scheint fraglich zu sein. Wohl eher handelt es sich um eine Notiz, die von den Evangelisten in nachösterlicher Perspektive hinzugefügt worden ist. Anders liegen die Dinge beim Johannesevangelium, das keine Apostelliste kennt. Hier fällt im Zuge der langen Brotrede ein bedeutungsschwerer Satz: „Aber es gibt unter euch einige, die nicht glauben." Und der Evangelist kommentiert weiter: „Jesus wusste nämlich von Anfang an, welche es waren, die nicht glaubten, und wer ihn ausliefern würde" (Joh 6,64). Damit ist die Frage eigentlich schon beantwortet: Laut dem Johannesevangelium wusste Jesus „von Anfang an", dass Judas ihn einst verraten und ausliefern würde. Das macht Jesus im Folgenden auch deutlich, wenn er dem Glaubensbekenntnis des Petrus entgegensetzt: „Habe ich nicht euch, die Zwölf, erwählt? Und doch ist einer von euch ein Teufel" (Joh 6,70). Und wieder fügt der Evangelist, um die Aussage für den Leser nachvollziehbar zu machen, eine

Bemerkung hinzu: „Er sprach von Judas, dem Sohn des Simon Iskariot; denn dieser sollte ihn ausliefern: einer der Zwölf" (Joh 6,70).

Dass gerade Johannes dieses Vorherwissen Jesu so nachdrücklich betont, liegt an einer grundsätzlichen theologischen Aussageabsicht, die das gesamte Johannesevangelium prägt: Bei Johannes ist Jesus immer derjenige, der souverän handelt und aufgrund dieser Souveränität ein göttliches Vorauswissen besitzt. Das wird auch an anderen Stellen des Evangeliums immer wieder deutlich. Jesus weiß schon alles, was mit ihm geschehen wird, er kennt die Zukunft bereits. Deswegen kennt Jesus auch die Absicht des Judas schon, wie er an drei Stellen im Johannesevangelium deutlich macht (6,64; 6,71; 13,11). Die Kommentare, die der Evangelist hier einfügt, stehen daher nicht isoliert. Sie fügen sich in die theologische Komposition des Evangeliums ein und markieren eigentlich nicht mehr als ein Beispiel, an dem dieses souveräne Vorherwissen Jesu deutlich wird.

Ahnte niemand der anderen Jünger den Verrat?

Die Frage hängt wohl entscheidend damit zusammen, wann Judas eigentlich den Entschluss
fasste, Jesus an die Tempelaristokratie auszuliefern. War es eine spontane Entscheidung, die
Judas erst fällte, als man sich bereits auf dem
Weg nach Jerusalem befand? Oder trug sich Judas schon länger mit dem Gedanken, mit Jesus
kurzen Prozess zu machen und ihn in die Hände der jüdischen Oberen zu geben?

Auch hier müssen wir eine Leerstelle vermer-
ken. Die Evangelien schweigen sich über Judas
aus. Und gerade dieses Schweigen macht es
schwierig, sein Verhalten wirklich zu interpretieren. Es deutet also nichts darauf hin, dass
Judas schon länger den Plan hegte, Jesus in
Jerusalem zu verraten. Sicher kann man nur
eines aus den Evangelien ablesen: Es gab eine
generelle Krise, in welche die Jesus-Bewegung
gestürzt wurde. Es gab den „galiläischen Frühling", also die verheißende Aufbruchsphase

der Gruppe, die sich um Jesus versammelte. Es war die prägende Anfangszeit, die viele Menschen beflügelte, weil Jesus sie mit einer besonderen Faszination in seinen Bann zog. Allerdings folgte auf diese Frühphase eine Zeit der Ernüchterung und Enttäuschungen: Auf den Frühling folgte die „galiläische Krise" – eine Phase, in der nicht mehr viel übrig war vom Zauber des Anfangs. Jesus wurde mehr und mehr kritisch angefragt und es wurden sicher bei manchen auch Zweifel laut, ob dieser Jesus alles halten konnte, was er verhieß.

So mag es auch unter den Aposteln eine Zeit gegeben haben, in der sich jeder einzelne fragen musste, ob er wirklich bereit war, sich auf all das einzulassen, was Jesus von den Menschen verlangte. Und das war häufig nicht gerade rosig: Wenn es um die Zukunft seiner Nachfolgerinnen und Nachfolger ging, war Jesus nicht zimperlich, die vielen Widerstände zu beschreiben, denen sie sich auszusetzen hatten. Verfolgung und Entzweiung waren oft Themen seiner Reden.

Möglich, dass sich Judas in einer solchen Phase dazu entschlossen hatte, Jesus ans Messer zu liefern. Hat es einer der anderen Apostel geahnt? Vielleicht. Vielleicht hat auch einer der anderen ebensolche Gedanken gehegt, allerdings nicht so stark wie Judas. Es bleibt offen, weil uns die Evangelien nichts dergleichen erzählen. Aber wer einmal die Spuren verfolgt, welche die Evangelien legen, wird zum Schluss kommen, dass es wohl eine Zeit gegeben hat, in der viele Menschen ihre Entscheidung für oder gegen Jesus getroffen haben. Und sicher waren sie nie allein.

Der Verrat

Mit wem verbündete sich Judas?

Auffallend ist zunächst, dass sich Judas offenbar mit niemandem aus dem engeren Umfeld Jesu verbündet hatte. Er scheint, so das Zeugnis der neutestamentlichen Schriften, ein Einzeltäter gewesen zu sein.

In der jüdischen Führungselite wusste sich Judas mit seiner Enttäuschung über Jesus gut aufgehoben: Schon lange war Jesus den führenden jüdischen Schriftgelehrten und Pharisäern ein Dorn im Auge. Immer wieder lag er mit ihnen im Clinch, immer wieder versuchten sie Jesus durch geschickte Fragestellungen aufs Glatteis zu führen und einen Grund zu finden, ihn vor Gericht zu zerren. Aber immer gelang es Jesus auch, sich aus den Fallen, die ihm gestellt wurden, zu befreien. Das erhöhte natürlich nur noch mehr den Argwohn der Hohepriester.

Es ist unklar, ob Judas das Ansinnen hatte, Jesus aus der Welt zu schaffen. Vielleicht wollte er ihm auch nur das Leben schwer machen, indem er ihn bei der Tempelaristokratie anzeigte. Letztlich konnten die jüdischen Oberen die Todesstrafe nicht selbst vollstrecken. Dies war Sache der Römer, die im Land das Sagen hatten. Aber die Römer hätten aus eigener Initiative einen religiösen Aufrührer wohl nicht gekreuzigt, wenn nicht die jüdischen Gruppen dafür nachdrücklich plädiert hätten. Das zeigt sich ja auch am Prozess Jesu: Eigentlich möchte der römische Statthalter Pilatus Jesus gar nicht kreuzigen, weil er keinen Grund für diese Strafe erkennt. Erst als der Druck von jüdischer Seite zu groß wird, gibt Pilatus nach.

Wenn Judas also mit der Tempelaristokratie, also mit dem Hohepriester und seinen engsten Beratern kooperiert, dann gibt er Jesus in die Hände derer, die über sein Wohl und Wehe entscheiden, obwohl sie am Ende überhaupt keine Gewalt über ihn haben. Mit diesen Leuten verbündet sich Judas wohlwissend darum,

Michelangelo Merisi da Caravaggio,
Die Gefangennahme Christi, 1602 (Ausschnitt)

dass diese Menschen sehr viel erreichen können.

Aus welchen Gründen wünschten die Hohepriester den Tod Jesu?

Inwiefern die Tempelaristokratie wirklich den Tod Jesu wünschte, lässt sich in der Retroperspektive nicht mit letzter Gewissheit sagen. Sicher: Jesus wurde von vielen führenden Männern des Judentums mehr als kritisch beäugt. Er behauptete, der Messias zu sein. Das war ein Titel, der zur Zeitenwende stark polarisierte. Vor allem deshalb, weil damit nicht selten politische Motive verbunden waren. Wer vorgab, ein Messias zu sein, der wollte eine politische Revolte, der zettelte einen Umsturz im Land an – und das war vor allem den Römern ein Dorn im Auge, die ja für Frieden im Land sorgen wollten. Aber eben auch für die Tempelaristokratie war Jesus gefährlich: Immerhin war der Kern seiner Botschaft eine massive

Kritik an vielem, was das Judentum seiner Zeit ausmachte. Man mag nur an die Tempelaktion denken, bei der Jesus im Jerusalemer Tempel für Aufruhr sorgte und jene hinauswarf, die dort ihren alltäglichen Geschäften nachgingen. Und auch seine sonstige Predigt war ja nicht ohne Kritik an denen, die sich selbst als religiöse Autoritäten ansahen. Kein Wunder also, wenn unter der Tempelaristokratie der Wunsch wuchs, diesem Jesus ein für alle Mal ein Ende zu bereiten.

Noch ein Zweites fällt auf: Die Gefangennahme und der Prozess Jesu fallen in eine angespannte Zeit. Man befindet sich mitten im Trubel rund um das bevorstehende Pascha-Fest. Die Stadt ist an diesen Tagen voll wie zu keinem anderen Zeitpunkt im Jahr. Unzählige jüdische Gläubige kommen herauf nach Jerusalem, um dort das Fest im Andenken an die Befreiung des Volkes Israel aus Ägypten zu feiern. Die Römer sind in einer solchen Zeit besonders gefordert. Immerhin müssen sie für Ruhe und Ordnung in der Stadt sorgen. Ein Aufrührer

aus Galiläa, der behauptet, den Tempel nieder-
zureißen und in drei Tagen wiederaufzubauen,
konnte einen gewaltigen Aufstand losbrechen.
Und das war es, was die Römer in den Tagen
rund um Pascha überhaupt nicht gebrauchen
konnten.

Die jüdische Führungselite hatte diese Gefahr
ebenso im Blick und drang deshalb darauf, Jesus vor den römischen Statthalter zu stellen.
Möglich, dass Judas hier federführend am
Werk war, die Tempelaristokratie auf die Gefahr aufmerksam zu machen, die von Jesus
ausging. Diese Kooperation zwischen Judas
und der jüdischen Führungsriege ist übrigens
auch ein Argument, dass Judas nicht (mehr)
Partei für die Zeloten ergriff: Immerhin waren
die Zeloten selbst Aufständische und es wäre
wenig überzeugend, dass die Mitglieder des
Hohen Rates einem solchen Menschen Glauben geschenkt hätten. Vielleicht hätten sie hinter dem Tipp des Judas dann am ehesten eine
Intrige der Zeloten vermutet.

Wie viel Geld sollte Judas
für den Verrat erhalten?

Judas hat Jesus nicht für lau an die Tempelaristokratie verraten. Es ist die durchgängige
Perspektive aller vier Evangelien, dass Judas
für seinen Dienst entlohnt wurde.

Bei Markus heißt es, dass ihm die Hohepriester versprachen, „ihm Geld dafür zu geben",
dass er ihnen Jesus auslieferte (Mk 14,11). Auffallend ist dabei Folgendes: Das älteste Evangelium erzählt nicht, Judas habe selbst um
einen Lohn für seine Tat gebeten. Bei Markus
liegt die Initiative der Entlohnung ganz und
gar aufseiten des Hohen Rates. Es war nicht
das Ansinnen des Judas selbst, für die Auslieferung Jesu Geld zu kassieren.

Anders liegen die Dinge bei Matthäus, denn
dort wird nun dem Judas die folgende Frage
in den Mund gelegt: „Was wollt ihr mir geben,
wenn ich euch Jesus ausliefere?" Und das An-
gebot der Hohepriester lautet: dreißig Silberstücke (Mt 26,15).

Bei Lukas nimmt das Gespräch zwischen Jesus und den Hohepriestern eher das Gepräge einer Verhandlung an: „Da freuten sie sich und kamen mit ihm überein, ihm Geld zu geben" (Lk 22,5). Die Entlohnung für den Verrat scheint also auf gegenseitigem Interesse beruht zu haben.

Johannes verzichtet gänzlich darauf, das Verhandlungsgespräch zwischen Judas und den Hohepriestern zu schildern. Das Motiv der Habgier wird bei ihm an anderer Stelle aufgeworfen, nämlich im Zuge der Salbung Jesu in Betanien. Dort wird Judas bereits ausreichend als geldgierig gezeichnet.

So unterschiedlich die Schilderung, wie Judas zu seinem Lohn gekommen ist, so verschieden erzählen die Evangelien, was Judas mit dem Geld anstellte. Während Markus und Johannes dazu völlig schweigen, erzählt Matthäus, Judas habe das Geld aus Reue zu den Hohepriestern zurückgebracht. Als diese es ablehnten, nahm er die Silberstücke und warf sie in den Tempel (Mt 27,3-5). Da jedoch das Geld in Verbindung mit einem Menschen stand, der zum Tode verurteilt werden sollte, konnte das Geld nicht einfach in den Tempelschatz übernommen werden. Der Tempelschatz umfasste dabei alle wertvollen Heiligtümer, die sich im Tempel befanden, zum Beispiel Weihegaben, die dem Tempel geschenkt wurden, oder Kultgegenstände wie der Schaubrottisch oder die Menora. Auch Silbermünzen wurden dort aufbewahrt, die mithilfe einer Tempelsteuer eingenommen worden waren. Hier jedenfalls wollte man das Geld des Judas nicht übernehmen. Vielmehr nutzten die Hohepriester es dazu, einen Acker zu kaufen, der fortan als Begräbnisplatz für Fremde dienen sollte. Dieser Ort wurde wohl zu Zeiten des Evangelisten noch als „Blutacker" bezeichnet (Mt 27,8).

Interessant ist, dass Matthäus hier auf eine alttestamentliche Schriftstelle Bezug nimmt, die sich beim Propheten Sacharja findet: „Ich sagte zu ihnen: Wenn es recht ist in euren Augen, so bringt mir meinen Lohn, wenn aber nicht, so lasst es! Da wogen sie mir meinen

Lohn ab, dreißig Silberstücke. Da sagte der HERR zu mir: Wirf ihn dem Schmelzer hin, den wertvollen Preis, den ich ihnen wert bin. Und ich nahm die dreißig Silberstücke und warf sie im Haus des HERRN dem Schmelzer hin" (Sach 11,12f.). Nimmt man diesen Text als alttestamentarischen Bezugspunkt, so wird deutlich, warum Matthäus das Verhalten des Judas so beschreibt: Ganz im Sinne jener Absicht, die sein ganzes Evangelium durchzieht, erkennt er auch im Handeln des Judas die Erfüllung des Alten Testaments. Was die Propheten vorhergesagt haben, das erfüllt sich nicht nur in der Person Jesu, sondern eben auch im Tun des Judas.

Der Kauf des Ackers mit dem Lohn des Judas wird noch an einer anderen Stelle im NT beschrieben, nämlich in Apg 1,16-20. Allerdings ist es dort Judas selbst, der sich vom Geld ein Grundstück erwirbt (1,18) und dort aber zu Tode kommt. Der Name „Blutacker", hebräisch „Hakeldamach", wird dabei auf dieses grausame Ende des Judas zurückgeführt (1,19).

Wie verriet Judas Jesus?

Die genauen Details über den Verrat des Judas überliefern uns die Evangelien nicht. Was sich jedoch ereignet hat, lässt sich aufgrund der Angaben, die uns erhalten sind, wohl so rekonstruieren: Es ist einigermaßen sicher, dass die Oberen der jüdischen Führungselite schon lange damit liebäugelten, Jesus aus dem Weg zu räumen. So heißt es zum Beispiel in Mk 11,18: „Die Hohepriester und die Schriftgelehrten hörten davon und suchten nach einer Möglichkeit, ihn umzubringen. Denn sie fürchteten ihn, weil das Volk außer sich war vor Staunen über seine Lehre."

Es gab also vonseiten der Tempelaristokratie bereits ein Interesse daran, Jesu habhaft zu werden. Warum man Jesus nicht einfach zu einem bestimmten Zeitpunkt festgenommen hat, bleibt allerdings im Dunkeln. Vielleicht wusste die Führungselite darum, dass es wenig Sinn machen würde, Jesus wegen seiner religiösen Lehre vor den römischen Statthalter zu zerren. Immerhin wäre das für die Römer wohl kein Grund gewesen, jemanden zu verurteilen. Die Passionsgeschichten erzählen ja, wie schwer sich Pilatus damit tut, überhaupt eine Schuld an Jesus zu finden.

Jedenfalls wird Judas an einem bestimmten Zeitpunkt zum Mittelsmann zwischen der Tempelaristokratie und dem Kreis um Jesus. Er wird zum Überläufer, der den Kontakt mit den Hohepriestern aufnimmt, um ihnen eine günstige Gelegenheit zu bieten, Jesus festzunehmen (Mk 14,10f.). Warum es dazu einen Spitzel innerhalb des engsten Kreises um Jesus bedurfte, erklärt Lukas: Die Hohepriester suchten „nach einer günstigen Gelegenheit, ihn an sie auszuliefern, ohne dass das Volk es merkte" (Lk 22,6). Wichtig war also, Jesus festzusetzen, als dieser mit seinen Jüngern allein war. Anscheinend wollten die Hohepriester einen größeren Aufstand verhindern. Oder sie wussten darum, dass es genügend Fürsprecher geben würde, die sich schützend vor Jesus stellen und ihnen dadurch die Festnahme erschweren würden. Um diesen günstigen Augenblick auszumachen, brauchte es Judas, der die jüdische Führungselite mit den nötigen Informationen versorgte.

Kurz gesagt bestand der Verrat des Judas also darin, dass er den Hohepriestern einen Zeitpunkt nannte, zu dem Jesus und seine Jünger allein anzutreffen waren. Das war der Moment, auf den die Hohepriester gewartet hatten, jener Augenblick, in dem man Jesus festnehmen konnte, ohne dabei von Schaulustigen oder Anhängern des Mannes aus Nazaret belästigt zu werden.

Welche Bedeutung hatte zur Zeit Jesu ein Kuss?

Auch wenn sich die Bezeichnung „Judaskuss" innerhalb des allgemeinen Sprachgebrauches eingebürgert hat, so ist diese Art des Verrates allein bei den synoptischen Evangelien überliefert. Hier ist der Kuss das geheime Zeichen, das Judas mit den Hohepriestern vereinbart hatte, um Jesus identifizieren zu können. Dabei drängt sich vorderhand eine Frage auf: Wussten die Hohepriester wirklich nicht, wer Jesus war? Es scheint doch wenig vorstellbar, dass die jüdische Führungselite Jesus nicht gekannt hat. Wenn sie sein Tun so aufmerksam verfolgten, wie es bei Markus immer wieder deutlich wird, dann müssten sie ihn doch auch persönlich gekannt haben. Es ist jedenfalls sehr fraglich, ob sie wirklich nicht um seine Identität wussten und daher dieses Zeichens bedurft haben, um Jesus ausfindig zu machen. Damit stellt sich eine zweite Frage, nämlich die nach der Historizität des Judaskusses. Es ist gut möglich, dass Markus hier ein Motiv aufnimmt, das in einem alten Passionsbericht vorgelegen hat. Letztlich lässt sich aber nicht mit Sicherheit klären, ob es sich beim Kuss des Judas wirklich um eine historische Tatsache handelt. Viel wichtiger scheint doch eine andere Spur zu sein: jene nämlich, in der das Evangelium als Erfüllung des Alten Testaments

Giotto di Bondone, Die Gefangennahme Christi,
Fresko in der Capella degli Scrovegni, Padua, um 1303

gesehen wird. So heißt es in Spr 27,6: „Treu gemeint sind die Schläge eines Freundes, / zahlreich die Küsse eines Feindes." Hat Markus also den Judaskuss erfunden, um damit auf diese alttestamentliche Stelle anzuspielen? Es liegt zumindest im Bereich des Wahrscheinlichen, lassen sich doch noch viele andere Textstellen bei Markus finden, in denen das Schicksal Jesu ganz im Licht des Alten Testaments gedeutet wird.

Fragt man nach der Bedeutung des Kusses, so war es in der griechisch-römischen Umwelt weitverbreitet, dass man höhergestellte Menschen mit einem Kuss zur Begrüßung geehrt hat. Wahrscheinlich hat es sich dabei um den Kuss auf die Hand oder auf die Füße gehandelt. Auch die Zugehörigkeit wurde durch einen solchen Kuss markiert: Wer mit einem anderen Menschen in einer engen Beziehung stand, zum Beispiel verbunden durch familiäre Banden, hat diesen zur Begrüßung geküsst. Auffallend ist bei dieser Szene, dass das Zeichen, das eine Zugehörigkeit und Verbundenheit markiert, in sein Gegenteil verkehrt wird. Das Band der Zugehörigkeit wird zerschnitten und aus Verbundenheit wird die Auslieferung an jene Menschen, die Jesus ein Ende bereiten wollen.

Nach dem Verrat

Zeigte Judas Reue?

Einzig beim Evangelisten Matthäus wird berichtet, dass Judas sich nach dem Verrat an Jesus intensiv mit seiner Tat auseinandergesetzt habe. So betont Matthäus zweifelsfrei, dass er aufgrund seines Vorgehens Reue empfunden habe (27,3). Eine Reue, die letztendlich so weit ging, dass Judas seine Sünde öffentlich eingestand (27,4). Statt sich mit seiner eigenen Lebensgeschichte zu versöhnen, schien ihm der Selbstmord der einzige Ausweg zu sein (27,5). Wie Matthäus das Geschehen selbst bewertet, bleibt offen, da er keinen weiteren Kommentar dazu abgibt. Auffallend sind zwei Motive, die Matthäus sehr nachdrücklich betont: die Reue und das Wissen um die eigene Sündhaftigkeit. Die Episode zeigt, wie Judas im Angesicht der Verhaftung Jesu und seines bevorstehenden Kreuzestodes die Augen aufgehen und er sei-

Judas bringt den Hohepriestern das Geld zurück,
Buchillustration

ne eigenen Verfehlungen erkennt. Damit wirkt Matthäus auch auf das Bild des Judas ein: Er ist keiner, der nur das Schlechte und Böse will, sondern einer, der sich durchaus seiner eigenen Schuld bewusst ist und der um sein eigenes Versagen weiß. Ein Versagen, das schließlich so groß ist, dass er selbst keinen anderen Ausweg sieht, als sein eigenes Leben durch einen Suizid zu beenden. Im Erzählduktus des Matthäusevangeliums stirbt Judas damit noch vor Jesus und gibt der ganzen Erzählung einen bitteren Beigeschmack: Der Verräter setzt seinem Leben ein Ende, noch bevor der hingerichtet wird, der durch Verrat preisgegeben worden ist.

Ob man es hier mit einer historischen Tatsache zu tun hat, lässt sich nicht zweifelsfrei feststellen. Vor allem, weil Lukas in seiner Apostelgeschichte das Ende des Judas vollkommen anders erzählt, ist davon auszugehen, dass der Bericht von Matthäus keine historische Basis hat.

Wie starb Judas?

Zum Ende des Judas stehen uns zwei biblische Berichte zur Verfügung, nämlich das Matthäusevangelium und die Apostelgeschichte. Während Matthäus von einem Suizid des Judas durch Erhängen ausgeht, berichtet Lukas in seiner Apostelgeschichte weniger eindeutig: „Mit dem Lohn für seine Untaten kaufte er sich ein Grundstück. Dann aber stürzte er vornüber zu Boden, sein Leib barst auseinander und alle seine Eingeweide quollen hervor" (Lk 1,18). Was damit gemeint ist, lässt sich nicht zweifelsfrei erklären. Vielleicht erlitt Judas auf dem Grundstück, das er sich gekauft hatte, einen schrecklichen Unfall mit Todesfolge. Doch auch diese Beschreibung des Ablebens des Judas scheint letztlich aus der Perspektive des Alten Testaments geschrieben zu sein. Dort heißt es in Weish 4,19: „Dann werden sie verachtete Leichen sein, ewiger Spott bei den Toten. Denn er stürzt die Verstummten kopfüber und reißt sie aus ihren Grundfesten. Sie werden völlig vernichtet und erleiden Qualen; die Erinnerung an sie verschwindet." Was hier alttestamentarisch für das Schicksal jener vorhergesagt wird, deren Leben von Gottlosigkeit geprägt ist, erfüllt sich in der Gestalt des Judas. In der Lesart des Lukas ist Judas derjenige, der Gott völlig verachtet und der deswegen das Schicksal erleiden muss, welches das Alte Testament für solche Menschen vorsieht. Judas stirbt eben nicht den gewöhnlichen Tod eines jeden Menschen, sondern sein Tod ist eine Strafe für sein sündhaftes Vergehen, mit dem er sich gegenüber Gott schuldig gemacht hat. Einen solchen Straftod erleidet in der Apostelgeschichte auch der König Herodes Agrippa, der von einem Engel des Herrn geschlagen von Würmern zerfressen wird und stirbt (vgl. Lk 12,20–23). Das Motiv ist hier wie dort dasselbe: Menschen, die sich gegen Gott erheben, die keine Gottesfurcht kennen, wie das sich das für den Gerechten ziemt, für solche Menschen ist der Tod nicht Eingang in das ewige Leben, sondern eine bittere Strafe. Daher erklärt sich auch, warum Lukas das Ende des Judas in so drastischen Worten schildert: Ein für alle Mal soll klar werden, dass Judas den Tod eines Frevlers stirbt.

Wie erklärt sich die fürchterliche Vision des Papias?

Auch wenn wir in den neutestamentlichen Schriften nicht viel über das Ableben des Judas erfahren, haben sich andere Autoren schon sehr früh mit seinem Tod auseinandergesetzt. Eine dramatische Beschreibung vom Ende des Judas finden wir bei Bischof Papias von Hierapolis, der wohl von 60 bis 163 n. Chr. lebte. Um 100 n. Chr., also zu einem Zeitpunkt, an dem vermutlich das Johannesevangeliums entstand, schreibt er folgende Zeilen über Judas: „Als ein großes Beispiel von Gottlosigkeit wandelte Judas in dieser Welt, indem sein Körper so sehr anschwoll, dass nicht einmal dort, wo ein Wagen leicht hindurchgeht, er hindurchgehen konnte, ja nicht einmal allein die Masse seines Kopfes. Seine Augenlider nämlich, heißt es, seien so sehr angeschwollen, dass er einerseits das Licht überhaupt nicht mehr sah, und dass andererseits seine Augen sogar durch den Augenspiegel vom Arzt nicht gesehen werden konnten; so tief lagen sie unter der äußeren Oberfläche. Sein Schamglied erschien widerwärtiger und größer als jegliches Schamglied; er trug aber Eiterströme an sich, die aus dem ganzen Körper flossen, und Würmer, zur Qual schon allein aufgrund der natürlichen Bedürfnisse. Als er, hieß es, nach vielen Qualen und Strafen auf seinem eigenen Grundstück zugrundegegangen war, blieb aufgrund des Gestanks das Land öde und unbewohnbar bis jetzt, und nicht einmal bis zum heutigen Tag kann jemand an diesem Ort vorübergehen, ohne dass er sich die Nase mit den Händen zuhält. Eine so starke Ausdünstung verbreitete sich von seinem Körper auch über die Erde" (zitiert nach Meiser, Martin: Judas Iskariot. Einer von uns, Leipzig, 2004, S. 118).

Während Papias mit seiner Beschreibung des Ablebens des Judas relativ gut an Apg 1 anknüpft, lässt sie sich mit der Perspektive des Matthäus, der vom Suizid des Judas berichtet, nicht in Einklang bringen. Das zeigt jedenfalls: In der frühen Kirche gab es mehrere Traditionen, die vom Ende des Judas unterschiedliche Versionen überlieferten. Papias und Lukas stimmen zumindest darin überein, dass sie seinen Tod als grausamen Straftod schildern. Von Reue und dem Wissen um die eigenen Vergehen und Fehler, wie das bei Matthäus zum Ausdruck kommt, wissen weder Lukas noch Papias etwas zu berichten. Vielmehr legen sie den Fokus auf die schlimmen Krankheiten und die schweren Schmerzen, die Judas bis zu seinem Sterben zu erleiden hatte. Doch endet die Geschichte des Judas nicht mit dem Tod: Der Gestank, der von ihm ausging, verpestete das Land bis in die Tage des Papias hinein. Judas bleibt somit ein mahnendes Beispiel für einen Menschen, der sich von Gott distanziert und der sich durch sein eigenes Handeln selbst das Gericht schafft.

Der Gedanke, den Papias in seiner Schrift entfaltet, ist relativ eindeutig: Gott lässt das Vergehen eines Menschen nicht ungesühnt, sondern der Frevler muss für seine Taten büßen. Diese Strafe wirkt sich bei Judas vor allem in körperlichen Qualen und Gebrechen aus. Judas muss leiden, weil er sich an Gott vergangen hat.

Damit finden wir bei Papias eine Verschärfung jener Perspektive auf Judas, wie sie bei Lukas in der Apostelgeschichte grundgelegt ist. Judas wird als Frevler verstanden, der von Gott für seine Taten nachdrücklich bestraft wird. Dieses Bild wird sich im Lauf der Jahrhunderte noch weiter verselbstständigen. Bei alledem bleibt aber vor allem auf eines hinzuweisen: Wie bei Matthäus deutlich wird, ist das nicht die einzige Deutung von Judas' Schicksal. Es hat bereits in der Frühzeit der Kirche noch andere, wesentlich positivere Bilder von ihm gegeben.

Hatten auch die anderen Jünger Anteil am Verrat?

Sicher waren die anderen Jünger nicht so aktiv am Verrat Jesu an die Tempelaristokratie beteiligt wie Judas. Immerhin hat er selbst den Kontakt zu den Obersten der jüdischen Führungselite gesucht und mit ihnen kooperiert. Damit unterscheidet er sich auch von den anderen Jüngern. Man könnte ihnen am ehesten noch eine passive Schuld am Verrat Jesu zusprechen. Denn immerhin ist keiner von ihnen bereit, sich aktiv für Jesus einzusetzen. Keine der Passionsgeschichten der Evangelien berichtet davon, dass im Prozess Jesu auch Fürsprecher aufgetreten wären und versucht hätte, ihn zu verteidigen. Vielmehr erfahren wir bei Matthäus etwas viel Fürchterlicheres: „Da verließen ihn alle Jünger und flohen" (26,56). Als es hart auf hart kommt, lassen ihn seine Begleiter allein zurück. Mehr noch zeigt sich am Beispiel des Petrus, wie selbst einer der engsten Vertrauten Jesu versagt, als er gefordert war, Partei für Jesus zu ergreifen. Sicher: Die anderen Jünger haben nichts aktiv dazu beigetragen, dass Jesus in die Hände des Hohen Rates ausgeliefert wurde. Aber sie haben auch nichts unternommen, um ihn aus dieser misslichen Lage zu befreien.

Nimmt man diesen Befund, der in allen vier Evangelien gleichermaßen zum Tragen kommt, zusammen, so lässt sich sagen: Auch die anderen Jünger hatten sicher ihren Anteil daran, dass Jesus so schnell der Prozess gemacht worden ist. Sie haben ihn nicht verraten, aber sie haben ihm auch nicht geholfen. Sie waren das, was man heute vielleicht als „schuldige Zuschauer" bezeichnen würde. Also Menschen, die helfen könnten, es aber nicht tun.

Fürchtete Judas eine Bestrafung
durch Jesus nach dessen Auferstehung?

Im ersten Teil des Nikodemusevangeliums, einer apokryphen Schrift über die Passion Jesu, die wohl im vierten Jahrhundert entstanden ist, findet sich folgende Überlieferung zum Schicksal des Judas:

„Nachdem Judas die 30 Silberlinge in den Tempel geworfen hatte, ging er in sein Haus, um sich einen Strick aus Binsen zu machen und sich damit zu erhängen. Dort fand er am Herd seine Frau vor, die gerade einen Hahn briet. Noch eher er davon kostete, sagte er zu ihr: „Frau, richte mir Binsen her, ich will mich erhängen, ich bin es nicht anders wert!" Da sagte seine Frau zu ihm: „Was redest du da für Worte?" Judas antwortete ihr: „Erkenne die Wahrheit, ich habe meinen Lehrer Jesus ungerechtfertigterweise an die Übeltäter für Pilatus ausgeliefert; der wird ihn töten lassen, er selber aber wird am dritten Tage auferstehen, und dann wehe uns!" Da sprach seine Frau zu ihm:

„Rede doch nicht solche Sachen! So wenig wie dieser Hahn, der auf dem Feuer gebraten wird, kräht, so wenig wird Jesus auferstehen, wie du sagst!" Auf dieses Wort hin schlug im selben Augenblick der Hahn seine Flügel und krähte zum dritten Mal. Daraufhin wurde Judas noch mehr erschüttert. Er machte sich sofort einen Strick aus Binsen und erhängte sich und starb" (zitiert nach Meiser, Martin: Judas Iskariot. Einer von uns, Leipzig, 2004, S. 129f.).

Die Episode, die hier erzählt wird, knüpft an das an, was das Matthäusevangelium berichtet. Die Perspektive wird jedoch gedreht: Judas nimmt sich nicht aus Reue über seine eigene Tat das Leben, sondern weil er fürchtet, dass Jesus nach seiner Auferstehung über ihn Gericht halten werde. Sein Selbstmord ist also eine Tat, die er aus Angst und Furcht vor dem vollzieht, was ihn nach der Auferstehung Jesu erwarten werde.

Die Geschichte ist doch einigermaßen seltsam: Zunächst ist auffallend, wie wenig Judas selbst von der Botschaft Jesu zu verstehen scheint. Immer wieder hat Jesus nicht nur Barmherzigkeit gepredigt, sondern sie auch aktiv geübt. Im Gegensatz zur Verkündigung des Täufers Johannes stand im Fokus von Jesu Predigt eben nicht der strafende und richtende Gott, sondern jener Gott, der den Menschen in vergebender Liebe entgegenkommt und will, dass der Sünder nicht stirbt, sondern lebt. Die Möglichkeit, Jesu könne ihm seine Tat vergeben, kommt Judas anscheinend nicht in den Sinn. Und zum anderen mutet es doch ziemlich eigenartig an, dass Judas meint, er könne sich durch seinen Tod dem göttlichen Gericht entziehen. Wann, wenn nicht nach dem Tod, werden Menschen Gott von Angesicht zu Angesicht begegnen? Doch womöglich hofft Judas gar nicht darauf.

Anzumerken ist schließlich noch: So merkwürdig die Geschichte ist, sie macht doch auch deutlich, wie Judas in der Vorstellung des Nikodemus seine Tat einschätzt. Seine Angst vor einem Gericht, das durch den auferstandenen Herrn vollzogen wird, macht deutlich, dass er sein Vergehen tatsächlich als bestrafungswürdig einschätzt. Damit ist der Text aus dem Nikodemusevangelium also ziemlich nah an dem, was wir bei Matthäus über das Ende des Judas erfahren. Es ist die Selbsterkenntnis über die eigene Unzulänglichkeit und das eigene Versagen, welches Judas am Ende in den Tod treibt. Er ist der reuige Sünder, der aber nicht auf Gottes Barmherzigkeit vertraut, sondern versucht, sich durch Suizid der Begegnung mit Gott zu entziehen.

Kehrte Judas nach dem Verrat in die christliche Gemeinde zurück?

Es scheint doch höchst unwahrscheinlich zu sein, dass Judas nach seinem offensichtlichen Bruch mit Jesus wieder in die christliche Gemeinde zurückgekehrt ist. Freilich erfahren wir in den neutestamentlichen Schriften nichts darüber, doch gerade ihr Schweigen zeigt ja auch, dass man Judas in der Zeit der frühen christlichen Gemeinden schnell vergessen hatte. Bei Matthäus scheint eine solche Rückkehr zumindest wahrscheinlich, denn Judas bereut ja seine Tat. Doch wird eine derartige Wiedereingliederung in die christliche Gemeinde letztlich durch den Selbstmord des Judas verhindert. Die andere Perspektive, die Judas als den gestraften Frevler zeichnet, verbietet eine solche Mitgliedschaft in einer christlichen Gemeinde schließlich vollends.

Am Ende lässt sich auch hier nur formulieren: Wir wissen nicht, wie Judas nach dem Verrat Jesu weiter zur christlichen Gemeinde und zum Evangelium stand. Vielleicht hat er tatsächlich mit alldem gebrochen und sich von der Frohbotschaft des nahe gekommenen Gottesreiches völlig distanziert. Vielleicht ist er auch insgeheim ein Anhänger Jesu geblieben. Es bleibt Spekulation, wie Judas fortan zur christlichen Gemeinde stand. Dass er aber weiterhin ein aktives Mitglied in ihr geblieben ist, scheint doch aufgrund seines Verrates an Jesus unwahrscheinlich zu sein.

Wer ersetzte Judas als zwölften Apostel?

Mit dem Ableben des Judas wurde eine Stelle im Zwölferkollegium der Apostel frei, die in der unmittelbaren Zeit nach Tod und Auferstehung Jesu wieder neu besetzt werden musste. Nur mit zwölf Männern konnte der Zwölferkreis seine volle Bedeutung als Symbol für das wieder versammelte Volk Israel entfalten. Die zwölf Apostel standen für die zwölf Stämme Israels; wäre es bei elf Aposteln geblieben, hätte man dieses Symbol nicht mehr verstanden. Im ersten Kapitel seiner Apostelgeschichte erzählt Lukas relativ ausführlich von der Wiederbesetzung der frei gewordenen Position: Die Nachwahl wird dabei biblisch mit einem Verweis auf einen Vers aus dem Buch der Psalmen begründet („Sein Amt soll ein anderer erhalten"). Kriterium, um in den Apostelkreis aufgenommen zu werden, ist dabei die kontinuierliche Begleitung Jesu vom Beginn seines öffentlichen Auftretens bis hin zu seiner Himmelfahrt. Dabei werden zwei Männer ausge-

....

wählt, die diesen Anforderungen entsprechen: Barsabbas, der auch Justus genannt wird, und Matthias. Nach einem Gebet werfen die versammelten Männer das Los, welches auf Matthias fällt, der fortan die durch den Tod des Judas frei gewordene Stelle unter den Aposteln einnimmt.

Interessant ist dabei, dass wir im Neuen Testament nur von einer einzigen Nachwahl erfahren. Der Zwölferkreis scheint also in der Zeit der jungen Kirche immer mehr an Bedeutung verloren zu haben und letztendlich gänzlich aufgegeben worden zu sein.

Theologische Fragen

Hätte Gottes Heilsplan ohne Judas nicht verwirklicht werden können?

Die Frage lässt sich nicht eindeutig beantworten, da wir natürlich nicht wissen, wie Gottes Heilsplan ausgesehen hat. Wenn man jedoch annimmt, Gott habe die Welt durch den Kreuzestod seines Sohnes erlösen wollen, dann gewinnt die Gestalt des Judas eine eigentümliche Uneindeutigkeit. Denn dann muss man zumindest annehmen, dass Judas in diesem Heilsplan eine bedeutendere Rolle zugekommen ist. Oder mit anderen Worten: Dann muss man sich zumindest die Frage stellen, ob Judas nicht tatsächlich einen wichtigen Beitrag zur Erlösung der Welt durch den Kreuzestod Christi geleistet hat.

Solche Fragen sind aber auch obsolet. Denn die Geschichte rund um Jesus hätte ja auch anders laufen können: Vielleicht wäre Jesus auch ohne das Zutun des Judas gekreuzigt worden, weil die Hohepriester auf eigene Faust einen Weg gefunden hätten, Jesus ohne Aufsehen festzusetzen. Vielleicht hätte sich Jesus freiwillig der Tempelaristokratie übergeben, weil er um den Plan Gottes wusste und dass er sich in diesen Plan einfügen muss. Wir wissen es nicht, was gewesen wäre, wenn und ob nicht noch Alternativen zur Verfügung gestanden hätten.

Wenn aber das Kreuz die notwendige Voraussetzung für die Erlösung war und wenn (was die Evangelien überliefern) Judas einen Beitrag geleistet hat, dass Jesus den Tod am Kreuz sterben musste, dann ändert das auch die Perspektive, von der aus wir Judas betrachten. Denn dann ist ja seine Tat nicht als durch und durch schlecht zu werten, sondern fügt sich in den Heilsplan Gottes ein. Dann ist Judas letztendlich nichts anderes als ein Werkzeug der göttlichen Vorsehung und leistet einen Teil, dass die Menschen und die Welt erlöst werden können. Folgt man diesem Gedanken, dann werden auch die Mutmaßungen relativiert, Judas habe als Lohn für seine Tat ewige Höllenqualen erleiden müssen. Vielmehr müsste man dann eingestehen, dass der Verrat des Judas sehr positive Konsequenzen hat, die sein Verhalten aufwiegen. Oder um das Ganze noch einmal etwas zugespitzter zu formulieren: Hätte Judas dann nicht im Tod bestraft werden müssen, wenn er Jesus nicht verraten und so möglicherweise den Kreuzestod Jesu verhindert hätte?

Es sind Fragen über Fragen, die sich hier aufdrängen und auf die wir keine Antwort wissen. „Gottes Plan, uns zu erlösen, hat verlangt die Opfertat" heißt es in einem alten Hymnus, der bis heute in der Tagzeitenliturgie der Karwoche gesungen wird. Wenn es der Heilsplan Gottes war, die Welt durch den Kreuzestod des Sohnes zu erlösen, dann müssen wir fragen, welche Rolle Judas hier eingenommen hat. Und mehr noch: Wir müssen uns neu damit auseinandersetzen, wie diese Tat zu bewerten ist. Dass es mit der Abstempelung des Judas als Verräter nicht getan ist, das wird zumindest deutlich, wenn man sich auf die vielen Fragen einlässt, die dieses Problem aufwirft.

Was ist Judas' Schicksal am Jüngsten Tag?

Wie jeder andere Mensch wird auch Judas im Tod dem Angesicht des liebenden Gottes begegnet sein. Im Angesicht dieses Gottes gilt es, sein Leben vor Gott zu verantworten und sich mit seiner eigenen Lebensgeschichte zu versöhnen. Natürlich wissen wir nicht, ob Judas sein Nein, das er zu Lebzeiten über Jesus gesprochen hat, auch im Tod durchgehalten hat. Weil Gott die Liebe ist, müssen wir annehmen, dass er jedem Menschen im Tod die Möglichkeit eröffnet, sich mit sich selbst und mit der eigenen Biografie zu versöhnen. Das ist ein Prozess, der den Menschen anfasst, weil er ihn unausweichlich mit alldem konfrontiert, was in diesem Leben nicht gut gelaufen ist.

Auch Judas hatte am Ende seines Lebens die Möglichkeit, dieses Beziehungsangebot, das Gott im Tod den Menschen eröffnet, anzunehmen. Weil Gottes Barmherzigkeit immer größer ist, dürfen wir glauben und hoffen, dass auch Judas Eingang in Gottes Liebe gefunden hat. Dass auch er im Angesicht Gottes sich mit seinem Fehlverhalten auseinandergesetzt und so zu Gott Ja gesagt hat.

War der Suizid des Judas ein Zeichen der Reue?

Im Matthäusevangelium findet sich ein Hinweis darauf: Judas gibt den Hohepriestern seinen Lohn wieder zurück. Man kann dies vielleicht als letzten Versuch des Judas deuten, Jesus doch noch vor seinem Schicksal zu bewahren. Möglich, dass Judas nach Jesu Gefangennahme im Garten Getsemani eingesehen hat, was seine Tat wirklich anrichtete. Matthäus deutet etwas in seinem Evangelium an, was

Judas erhängt sich, Buchillustration

sich so interpretieren lässt: Judas hat eingesehen, dass er einen Fehler begangen hat. Er
möchte mit dem Geld, das er für den Verrat
an Jesus bekommen hat, nichts mehr zu tun
haben. Und der Suizid, den Matthäus dann
ebenfalls schildert, zeigt auch: Judas möchte
auch mit sich selbst nichts mehr zu tun haben. Man kann den Selbstmord des Judas als
Enttäuschung über sich selbst und das eigene
Verhalten interpretieren. Ihm sind die Augen
aufgegangen und er hat eingesehen, was er
angerichtet hat. Etwas, das er nicht mehr rück-
gängig machen kann und mit dem er selber
nicht fertig wird. Reue oder Enttäuschung: Für
beides kann der Suizid des Judas ein Ausdruck
sein. Aber eines ist er sicher nicht: Die Tat eines Menschen, der von seinem Handeln ganz
und gar überzeugt war und der nun veräcft-
lich auf Jesus herabschaut, dem vor Pilatus der
Prozess gemacht wird.

Ist Judas vielleicht doch ein Heiliger?

Dass Judas nicht in der Hölle, sondern im Himmel ist, davon weiß schon Vinzenz Ferrer im ausgehenden 14. Jahrhundert zu berichten: „Judas, (...) der den Heiland verraten und verkauft habe, sei nach dessen Kreuzigung von einer wahrhaftigen und heilsamen Reuegesinnung erfasst worden und habe aus allen Kräften versucht, sich Christus zu nahen, um für seinen Verkauf und Verrat Abbitte zu leisten. Doch da Christus von einer so großen Menschenmenge zum Kalvarienberg begleitet war, sei es dem Judas unmöglich gewesen, zu ihm zu kommen, und er habe dann in seinem Herzen gesprochen: Da ich zu den Füßen des Meisters nicht gelangen kann, will ich ihm wenigstens im Geiste nahen und ihn so demütig um Verzeihung bitten. Das tat er denn auch wirklich, und als er den Strick nahm und sich erhängte, eilte seine Seele noch zu Christus auf den Kalvarienberg, bat ihn dort um Verzeihung, empfing sie von Christus auch vollständig, stieg mit ihm in den Himmel auf, und so genießt seine Seele mit anderen Auserwählten die Seligkeit" (zitiert nach Meiser, Martin: Judas Iskariot. Einer von uns, Leipzig, 2004, S. 162).

Ganz im Anschluss an das Matthäusevangelium dreht sich also die Perspektive: Judas ist nicht mehr derjenige, der aufgrund seiner Tat verdammt wird, sondern er weiß um seine Fehler, bereut sie und wird durch Gottes barmherzige Liebe gerettet. Das ist dann doch eine ganz neue Sicht auf Judas, die sich radikal von der Wahrnehmung, er sei der Prototyp des Sünders und Verräters, unterscheidet!

Was rechtfertigt Judas' Verklärung zum Helden?

„Judas habe als einziger der Jünger Jesu Prophezeiungen von seinem Ende verstanden und, damit sich diese Verheißung auch erfülle, hätte er sich für den Verrat hergegeben", formuliert im Jahr 1835 J. W. C. Vortmann. Eine unerhörte These, mag man beim ersten Lesen meinen! Und tatsächlich klingt dieser Gedanke doch reichlich weit hergeholt. Denn es wird ja gerade betont, dass Judas derjenige war, der Jesus nicht verstanden hat und an diesem Nichtverständnis letztlich gescheitert ist. Judas hat einen politischen Messias erwartet und das wollte Jesus nie sein. Ein unglaubliches Missverständnis, welches Judas zur Tat des Verrates geführt hat.

Diese Perspektive kippt Vortmann. Der Schriftsteller Walter Jens hat 1975 einen Roman über Judas veröffentlicht, der den Titel „Der Fall Judas" trägt. Darin entwickelt Jens ein fiktives Szenario: Judas soll seliggesprochen werden. Den Antrag hierfür stellt der Franziskanerpater Berthold B., der sich mit seinem Wunsch an den lateinischen Patriarchen von Jerusalem wendet. Judas sei ein Märtyrer gewesen, der bis zu seinem Lebensende zu Jesus gestanden hat und deswegen könne er auch in die Schar der Seligen aufgenommen werden, so die Argumentation des fiktiven Ordensbruders. In seinem Antrag auf die Seligsprechung des Judas schreibt Walter Jens: „Ehre sei Gott – Ich, P. Berthold B. OFM, stelle den Antrag, Judas aus Kerioth seligzusprechen, der ein Sohn des Simon war und im Volksmund bis heute Judas, der Sichelmann heißt. Ich bitte den Heiligen Stuhl zu erklären, dass dieser Judas in die himmlische Glorie eingegangen ist und öffentliche Verehrung verdient. Denn ihm und keinem anderen sonst ist es zu danken, dass in Erfüllung ging, was im Gesetz und bei den Propheten über den Menschensohn steht. Hätte er sich geweigert, unseren Herrn Jesus Christus den Schriftauslegern und Großen Priestern zu übergeben (...) er wäre an Gott zum Verräter geworden. Ohne Judas kein Kreuz, ohne das Kreuz keine Erfüllung des Heilsplans. Keine Kirche ohne diesen Mann; keine Überlieferung ohne den Überlieferer. Ein revoltierender Judas hätte Jesus das Leben gerettet – und uns allen den Tod gebracht. Aber Judas rebellierte nicht. ER wusste nämlich, dass es an ihm – einzig an ihm! – lag, ob die

Prophetie des alten Bundes sich erfüllte oder nicht" (zitiert nach Jens Walter: Der Fall Judas, Stuttgart, 1975, S.8).

War Judas also nicht der Verräter und Versager, für den man ihn oft gehalten hat, sondern das komplette Gegenteil, nämlich ein Held? So ganz lässt sich diese Frage natürlich nicht beantworten, da wir nicht hinter die Kulissen des göttlichen Ratschlusses blicken können. Ganz aus der Luft gegriffen ist die These aber nicht: Die Evangelien berichten uns aus unterschiedlichen Situationen, dass die Jünger Jesus nicht verstanden haben. Als er mit ihnen vom Berg der Verklärung herabsteigt und ihnen sein Leid und seine Auferstehung ankündigt, da nehmen sie seine Worte zwar ungefragt hin. Aber eigentlich haben sie von alledem nichts verstanden und wissen gar nichts damit anzufangen, was dies nun heiße, ein Mensch würde von den Toten auferstehen. Und noch prominenter Petrus, der im einen Augenblick das große Messiasbekenntnis ablegt und im anderen alles tun will, um zu verhindern, dass

Jesus leiden und sterben muss. Die Jünger haben Jesus oft nicht verstanden, gerade wenn er vom Ende seines irdischen Lebens sprach. Ob freilich Judas all das einordnen und verstehen konnte, steht auf einem anderen Blatt. Es wäre eine schöne Erklärung, Judas sei der wahre Held der Jesus-Geschichte gewesen, die ihn aus seinem sehr düsteren Licht herausrückt – aber wir wissen es einfach nicht.

Dennoch: Es ist ein schöner Gedanke, der zeigt, wie man sich auch anders dieser Person des Judas annähern kann. Judas ist in den vergangenen Jahrhunderten oft einfach als Verräter stigmatisiert worden, der in die Hölle gestoßen ist und von Gott verdammt wurde. Dabei ist es wichtig, auch einen anderen Zugang zu Judas zu suchen. So schnell sind Menschen abgeschrieben, weil wir sie nur aus einem einzigen Blickwinkel betrachten. Doch menschliches Leben besitzt immer viele Facetten, die zusammengenommen erst eine Person ausmachen. Das gilt auch für Judas! Die These, Judas sei der eigentliche Held des

Evangeliums, regt an, sich von einer anderen Warte aus mit Judas zu beschäftigen. Dieser Gedanke provoziert – und das ist wichtig, um zu sehen, wie festgefahren man manchmal in der Beurteilung von Personen ist.

Nachwirkungen und Kurioses

Mit welcher Rechtfertigung wurden Juden später als Söhne des Judas stigmatisiert?

Bereits im frühen Mittelalter findet sich bei Pseudo-Hieronymus der folgende Text: „Wer, glaubst du, sind die Kinder des Judas? Die Juden. Und Juden werden sie genannt nicht von jenem heiligen Judas (dem Apostel Judas, dem Sohn des Jakobus), sondern von dem Verräter. (...) Nach jenem heiligen Judas werden wir genannt, die geistlichen Juden, aus jenem aber, dem Verräter, die fleischlichen Juden. (...) Die Synagoge war erst die Ehefrau Gottes, von der es heißt: ‚Und er hat ihr einen Scheidebrief gegeben' (Dtn 24,1), und wiederum ‚Ich habe sie wieder angenommen und ihr gesagt: Kehre zu mir zurück' (vgl. Jer 3,7). So hat die Synagoge den Scheidebrief vom Erlöser erhalten und ist zur Frau des Verräters Judas geworden. Doch was tat sie? Sie nahm die Mitgift nicht, sondern gab sie ihrem Gatten. Wiederum aber wollte jener allerärmste Judas, der den Herrn verraten hat, die schlechte Mitgift nicht annehmen, sondern gab sie seiner hurerischen Gattin, von der er sie bekommen hatte. Und was sagte er? Du hast deinem früheren Gatten missfallen, er hat dich verschmäht und dich verworfen und dir den Scheidebrief gegeben. Ich will dich nicht als Gattin haben. Du hast mir den Lohn gegeben und mich getäuscht. Und du, die du den Herrn, deinen Gott getötet hast, wirst auch mich töten" (zitiert nach Meiser, Martin: Judas Iskariot. Einer von uns, Leipzig, 2004, S. 148).

Es lohnt sich, den Text einmal wirken zu lassen, um wirklich zu erfahren, welch grausamer Hass mit solch kruden Bibelauslegungen provoziert worden ist. Was sich in Judenpogromen und im Holocaust entladen hat, wurde durch solche Betrachtungen grundgelegt. Sie sind der Fantasie eines Autors entsprungen, der mit allen Mitteln versucht hat, den Vorrang der Kirche deutlich zu machen und dabei die

Synagoge und das gesamte jüdische Volk zu diffamieren. Zur damaligen Zeit jedenfalls war das eine gängige Praxis: Im Bamberger Dom findet man zum Beispiel bis heute die allegorische Darstellung von Kirche und Synagoge als Frauengestalten. Während die Kirche als schöne, prächtige Dame gezeigt wird, sind die Augen der Synagoge (also jener Frau, die das Judentum abbilden soll) verbunden, ihr Haupt ist geneigt. Und auch beim Reformator Martin Luther finden sich Aussagen, mit denen Menschen jüdischen Glaubens diffamiert und herabgewürdigt werden. Antijudaismus war über viele Jahrhunderte hinweg weitverbreitet und fand seinen Ausdruck nicht nur in beleidigenden Schriftstücken, sondern auch in der Verfolgung und Ausgrenzung von Menschen jüdischen Glaubens. Heutzutage kann man angesichts solcher Polemiken und Ausschließungen die jüdischen Geschwister im Glauben nur um Entschuldigung bitten und nachdrücklich das Gemeinsame benennen, das Juden und Christen verbindet. Der Völkerapostel Paulus bringt das Verbindende von Juden und Christen in einem Bild wunderbar auf den Punkt: Israel ist ein alter Ölbaum, auf den die Christen aufgepfropft worden sind (vgl. Röm 11,16-24). Und Paulus betont: „Nicht du trägst die Wurzel, sondern die Wurzel trägt dich" (Röm 11,18). Juden und Christen sind untrennbar miteinander verbunden.

Der Text des Pseudo-Hieronymus zeigt dabei sehr deutlich, mit welchen Mitteln man im Mittelalter versuchte, die jüdischen Gläubigen herabzusetzen und beleidigen. Wenn sie als Nachfahren des Verräters Judas gebrandmarkt werden, dann heißt das im Endeffekt nichts anderes als: Die Juden sind nicht besser als ihr Stammvater, man muss sich vor ihnen in Acht nehmen, man soll mit ihnen keinen Umgang pflegen. Freilich ist das eine Erfindung des Pseudo-Hieronymus: Nicht Judas ist der Stammvater der Juden, sondern Abraham ist der Stammvater aller drei monotheistischer Weltreligionen. All diese Gedanken und Verzerrungen haben den christlichen Hass gegen die Juden entfacht, der sich in vielen beschämenden Taten ausgedrückt hat. Dass das alles pure Fantasie und Stereotypisierung ist, muss zumindest am Rand noch einmal nachdrücklich betont werden.

Trägt Judas einen Heiligenschein?

Die Frage, die man eigentlich vorwegschicken muss, lautet: Ist Judas überhaupt ein Heiliger? Vorderhand mag man hier sehr schnell eine Antwort finden: Nein! Wie könnte jemand, der eine so grausame Tat vollbracht hat wie Judas, als Heiliger verehrt werden?

Sicher: Konzentriert man sich vor allem auf den Verrat an Jesus, den Judas verantwortet hat, dann taugt er sicher nicht zum Heiligen. Aber nehmen wir einmal das ganze Leben des Judas in den Blick: Die Evangelien betonen ja durchweg eines, nämlich dass Judas einer der zwölf Apostel war. Unumstritten gehörte er dem Zwölferkreis an, er war also einer von denen, die sehr eng mit Jesus zu tun hatten. Freilich erfahren wir in den Evangelien nicht viel über das Leben des Judas. Sie sind bereits aus nachösterlicher Perspektive geschrieben und bringen vor allem das Motiv des Verrats mit Judas in Verbindung. Aber wenn Judas Apostel war, so wie die anderen Apostel auch, dann hat er auch apostolische Aufgaben wahrgenommen. Er war einer von denen, die zuerst das Evangelium in den Dörfern und Städten von Galiläa verkündet haben. Er war einer von denen, die sich ständig in der Nähe von Jesus aufgehalten haben und denen er die Geheimnisse des Gottesreiches in besonderer Weise eröffnet hat. Wir können nur vermuten, inwiefern sich Judas um die Verkündigung des Evangeliums bemüht hat, aber weil er ein Apostel war, liegt es sehr nahe, dass er sehr darum besorgt war, die Botschaft vom nahegekommenen Gottesreich an die Menschen weiterzusagen.

Judas, ein Heiliger? Sicher scheint der Gedanke doch erst einmal abwegig. Aber bei alldem müssen wir uns zwei Dinge vor Augen halten: Wir erfahren auch von manch anderem Apostel nicht viel über sein Engagement in der Nachfolge Jesu. Und ein Zweites: Es hat auch viele andere Menschen gegeben, die wir heute als Heilige verehren, die durchaus einen unsteten Lebenswandel hatten und immer wieder auch mit Jesus gerungen haben. Heilig zu sein, das bedeutet ja nicht, keine Zweifel zu haben oder nicht einmal die Gottferne im eigenen Leben zu spüren. Heilig zu sein, das meint vielmehr, sich von Jesus rufen zu lassen, in seinem Dienst zu stehen und seine Nähe immer neu zu suchen, auch dann, wenn man sie nicht auf Anhieb erkennt.

Manchmal wird Judas daher auch mit einem schwarzen Heiligenschein dargestellt, beispielsweise auf dem Titelbild dieses Buches, das ein Fresko des italienischen Malers Giusto de' Menabuoi aus dem 14. Jahrhundert zeigt. Es ist im Baptisterium der Kathedrale von Padua zu sehen. Judas ist der einzige Heilige, den man mit einem solchen schwarzen Heiligenschein zeigt. Das ist ein eindrückliches Symbol! Es sagt uns erstens, dass Judas ein Heiliger war, also ein Mensch, der sich auf Jesus eingelassen und seinen Lebensweg geteilt hat. Judas war ein Apostel, das darf man nie vergessen! Aber die schwarze Farbe des Heiligenscheins zeigt eben auch an: Sein Leben war nicht goldglänzend, sondern er hat sehr wohl die große Krise erfahren, in der er sich von Jesus und seiner Botschaft distanziert hat. Wie lange diese Distanzierung angehalten hat, darüber wissen wir nichts. Folgen wir dem Matthäusevangelium, dann hat Judas sein eigenes Versagen sehr schnell eingesehen und seinen Fehler offenkundig eingestanden. Sein schwarzer Heiligenschein macht dann deutlich: Man kann auch trotz seines eigenen Scheiterns und Versagens ein Heiliger sein.

Gibt es einen offiziellen Gedenktag für Judas?

Alle Apostel haben im Lauf des Kirchenjahres einen eigenen Gedenktag bekommen, der in der liturgischen Rangordnung als Fest begangen wird. Manche Apostel hat man zusammengenommen so wie Petrus und Paulus, deren Festtag der 29. Juni ist. Auch am 28. Oktober wird ein Apostelfest gefeiert: das von Simon und Judas. Damit ist jedoch nicht Judas Iskariot gemeint, sondern Judas Thaddäus, der vielerorts große Verehrung erfährt. Wahrscheinlich, weil Judas Iskariot als Verräter in einem schlechten Licht stand, hat man ihm vonseiten der Kirche nie einen offiziellen Gedenktag gewidmet. Die Heiligen, deren Feste man im Kirchenjahr feiert, sollen ja Vorbild und Anregung für das eigene Leben in der Nachfolge Jesu sein. Und da würde Judas nicht so recht hineinpassen ... Andererseits hat es auch immer inoffizielle Vorschläge gegeben, Judas doch einen solchen Gedenktag zuzubilligen.

Immerhin könnte man dann auch deutlich machen, dass die Heiligen der Kirche nie nur perfekte und fehlerfreie Christen waren, sondern dass Scheitern und Zweifel auch immer zu einem Leben aus dem Glauben dazugehören.

Was ist ein Judasfeuer?

Früher hat man in manchen Gegenden das profane Brauchtum gepflegt, am Morgen des Karsamstags ein Holzfeuer zu entzünden. Auf dieses Feuer wurde dann eine Stoffpuppe geworfen, die man zuvor mit jüdischen Merkmalen versehen hat. Mit diesem Feuer wollte man eine Bestrafung des Judas nachstellen: Weil Judas Jesus verraten hat und damit ans Kreuz brachte, musste Judas auch eine entsprechende Strafe erleiden. Er wurde deshalb symbolisch auf dem Scheiterhaufen verbrannt. Das ist freilich ein zutiefst antijudaistischer Brauch, der hoffentlich heutzutage nirgends mehr geübt wird. Er darf außerdem nicht mit dem Osterfeuer verwechselt werden, an dem in der Osternacht die Osterkerze entzündet wird. Das Osterfeuer ist ja kein Ort, um einen Menschen zu bestrafen, sondern es ist ein Hinweis auf Christus, der das wahre Licht der Welt ist, das jeden Menschen erleuchtet. Das Licht der Osterkerze, das Licht des auferstandenen Christus, leuchtet auch in die Dunkelheit, die das Leben des Judas Iskariot umgibt.

Darf man seinem Kind den Vornamen „Judas" geben?

Grundsätzlich sind Eltern in der Wahl des Vornamens ihres Kindes frei. Das heißt, sie können relativ unbefangen darüber bestimmen, welchen Vornamen ihr Kind tragen soll. Es gibt aber von staatlicher Seite die Vorgabe, dass ein Kind nicht aufgrund seines Vornamens einen Schaden oder Nachteil erleiden soll. Dem Kindeswohl darf der Name nicht schaden, heißt es. Da der Name „Judas" in Deutschland immer noch häufig als Schimpfwort verwendet wird oder um jemanden herabzuwürdigen, ist die Vergabe dieses Vornamens hierzulande wahrscheinlich unzulässig. Da es allerdings kein grundsätzliches Verbot dieses Vornamens gibt, entscheidet letztendlich jeder Standesbeamte, ob ein Kind diesen Namen tragen sollte oder nicht. Interessant ist dabei, dass Deutschland hier eine Außenseiterrolle spielt: In Israel zum Beispiel ist Yehuda ein gängiger Vorname, den auch viele Prominente tragen, wie der Lyriker Jehuda Amichai oder Yehuda Levi, ein zeitgenössischer Schauspieler. Natürlich bezieht man sich hierbei nicht auf Judas Iskariot, sondern auf den alttestamentlichen Juda, den vierten Sohn von Jakob und Lea. Auch der weibliche Vorname Judith ist übrigens eine Ableitung von Yehuda; die Vergabe dieses Vornamens ist allerdings auch hier in Deutschland gang und gäbe... Auch in den englischsprachigen Ländern gibt es hier weniger Probleme, man denke nur an den bekannten Beatles-Hit „Hey Jude".

So ist Judas vor allem eines: ein alter biblischer Vorname, den viele herausragende Persönlichkeiten in der langen Geschichte des biblischen Israel getragen haben. Und mit Judas Thaddäus hat man auch einen prominenten neutestamentlichen Namensträger. Man sollte also bei Judas nicht immer sofort an Judas Iskariot denken!

Wie büßt Judas bei Dante?

In seiner „Göttlichen Komödie" gewährt der Dichter Dante Alighieri (1265–1321) auch einen Einblick in die Hölle. Dabei wird erzählt, dass es drei Menschen sind, die in dieser Hölle besondere Qualen zu erleiden haben, nämlich Judas, Brutus und Cassius. Die beiden Letzteren sind die Verräter, die Julius Caesar ans Messer geliefert, dem Mord preisgegeben und selbst getötet haben.

Über Judas schreibt Dante: „Die schwerste Pein dort oben leidet dieser. / Judas Iskariot

Q uádo noi fummo latoue lacofcia
finolge apúto i fulgroffo vellácke
loduca cofacia et conágofcia

Volfe latefta ouelli auca leçan che
et agraffofi alpelo comuom he fale
fi cke nunfémuo erodia cóna anetx

Luzifer verschlingt Brutus, Cassius und Judas Iskariot,
Illustration zu Dantes „Göttlicher Komödie"

ist es." Damit wird bei Dante nurmehr das Judas-Bild fortgeschrieben, das im Mittelalter generell sehr populär geworden ist: Judas ist der Mensch, der auf ewig von Gott gestraft ist und für den es keine Möglichkeit der Erlösung gibt. Dante freilich spitzt diesen Gedanken zu, indem er die Höllenqualen, die Judas mit den beiden anderen Verrätern zu erleiden hat, deutlich und ausführlich beschreibt. Letztlich setzt sich auch hier der Gedanke durch, dass jemand, der eine so schreckliche Tat vollbracht hat wie Judas, keine andere Perspektive hat, als für immer im absoluten Tiefpunkt der Gottferne, nämlich der Hölle, zu verharren. Das ist eine zutiefst düstere Sichtweise auf Judas, die aber gerade im Mittelalter sehr stark verbreitet war. Durch seinen Verrat an Jesus hat Judas sich selbst gerichtet und es gibt für ihn keinen Ausweg mehr.

Welche Legenden gibt es über Judas?

Im Mittelalter haben sich zahlreiche Legenden rund um die Person des Judas entwickelt, die das Bild von ihm nachdrücklich geprägt haben. Eine dieser Legenden erzählt: Ein irischer Abt namens Brandan sei mit einer kleinen Gemeinschaft von Mönchen sieben Jahre lang auf dem Meer unterwegs gewesen. Dabei seien sie eines Sonntags auch einem Mann begegnet, welcher auf einem Felsen saß. Nach seiner Identität gefragt, antwortete der Mann dem Abt: „Ich bin Judas, der Verräter. Aus Gnade bin ich hier – um der Barmherzigkeit Christi willen. Dieser Ort ist für mich wie ein Paradies, so furchtbar sind die Qualen, die mich heute Abend wieder erwarten. Dann werde ich Tag und Nacht brennen wie Blei, das man im Topf zum Schmelzen bringt. Ruhe finde ich hier an jedem Sonntag, auch in den Tagen von Weihnachten bis Dreikönig, von Ostern bis Pfingsten sowie an den Festen der Reinigung und Himmelfahrt Mariens. Sonst werde ich zusammen mit Herodes, Pilatus und Kaiphas in der Hölle gequält. Ich beschwöre dich, für mich bei Gott eine Verlängerung der Pause bis Montag zu erbitten" (zitiert nach Meiser, Martin: Judas Iskariot. Einer von uns, Leipzig, 2004, S. 135f).

Dieses Judas-Legende ist vor allem dadurch geprägt, dass Judas als einer geschildert wird, der in Ewigkeit Höllenqualen zu erleiden hat als Strafe für den Verrat. Dabei ist er nicht alleine, sondern er wird begleitet von jenen, die an dem Todesurteil maßgeblich beteiligt waren: der Klientelkönig Herodes, der römische Statthalter Pontius Pilatus und der Hohepriester Kaiphas. Die Aussageabsicht, die hinter einer solchen Legende steckt, ist relativ eindeutig: Es geht eben darum, deutlich zu machen, wie Judas für seine Tat bestraft wird. Der Glaube, Gottes Barmherzigkeit könne größer sein als alles menschliche Versagen, ist diesem mittelalterlichen Judas-Bild fremd. Durch seine Tat hat er sich selbst gerichtet; er ist dazu bestimmt, auf ewig in der Hölle gequält zu werden.

Auch eine zweite Legende, die wohl aus dem 11. Jahrhundert stammt, schildert Ähnliches: „Seine [Judas'] Mutter Cyborea träumte eines Nachts davon, einen Sohn zu bekommen, der dazu bestimmt war, das ganze jüdische Volk zu zerstören. Als sie dann tatsächlich einen Jungen zur Welt bringt, wird dieser in einer kleinen Kiste auf dem Meer ausgesetzt. Die Kiste landet an der Insel Skarioth. Dort wird das Kind von der Königin, die selbst bisher keine Kinder hatte, entdeckt und am Hof großgezogen. Nach einiger Zeit bekommt sie selbst einen Sohn. In der Folge kommt es zwischen ihm und Judas immer wieder zum Streit. Nachdem die Königin dem Judas im Zorn seine Herkunft offenbart hatte, ergreift Judas die erstbeste Gelegenheit, den eigentlichen Sohn der Königin umzubringen und flieht nach Jerusalem. Dort findet er einen Platz im Gefolge des Pilatus. Als er einmal für Pilatus eine bestimmte Frucht aus dem Garten des Nachbarhauses holen will, kommt es zwischen ihm und dem Gartenbesitzer zum Streit, und Judas

erschlägt seinen Kontrahenten und heiratet
dessen Witwe, ohne zu wissen, dass es sich
um seinen Vater Reuben und seine Mutter Cyborea handelt. Als Cyborea ihm später einmal
ihre Lebensgeschichte erzählt, erkennt Judas,
was er getan hat. Voll Reue beschließen bei-
de, dass sich Judas an Jesus wenden solle. Er
wird zum bevorzugten Jünger im Kreis Jesu,
aber bald setzt sich die Bosheit seines inneren
Wesens wieder durch; er verrät Jesus aus Wut
über die Vergeudung der Salbe (vgl. Joh 12),
deren Verkauf ihm, dem Dieb (vgl. Joh 12,6)
einen hohen Gewinn eingebracht hätte; ihn erfasst wiederum Reue, und er erhängt sich" (zitiert nach Meiser, Martin: Judas Iskariot. Einer
von uns, Leipzig, 2004, S. 136f.).

Die Eltern des Judas werden hier namentlich
benannt, können aber als Erfindungen identifiziert werden. Während der Name der Mutter
biblisch nicht überliefert ist, wird der Vater des
Judas mit dem Namen Simon bezeugt. Die
Elternnamen Reuben (von Ruben, dem ersten
Sohn des Jakob) und Cyborea scheinen legen-

darischen Ursprungs zu sein. Vielleicht steht im Hintergrund auch eine andere Tradition, die neben dem, was sich im Neuen Testament erhalten hat, weitergegeben wurde. Gleich mehrere Motive sind in dieser Legende verarbeitet: Da ist zum einen der Anklang an die Geschichte des Mose, der ja ebenfalls in einem Korb ausgesetzt von einer fremden Mutter großgezogen wird. Auch Mose erschlägt einen anderen Menschen und begibt sich auf die Flucht, wobei er beim Priester von Midian Unterschlupf findet. Im Großen und Ganzen ist die mittelalterliche Legende um Judas also relativ parallel zur biblischen Geschichte um Mose gestaltet. Allerdings gibt es auch eklatante Unterschiede: Während Mose zur herausragenden Gestalt in der Historie des Volkes Israel wird, wird die Person des Judas immer neu von ihrer Bosheit eingeholt. Zwei Menschen werden von ihm erschlagen, Jesus wird von ihm in den Tod ausgeliefert – so erzählt es die Legende. Und sie füllt auch eine Leerstelle, indem sie davon berichtet, was der

Grund für die Enttäuschung des Judas über Jesus war. Zum anderen findet sich in der Episode aus dem Mittelalter noch anderes Material verarbeitet, nämlich die Erzählung aus der griechischen Mythologie rund um den König Ödipus. Auch Ödipus tötet unbekannterweise seinen Vater, um dann seine eigene Mutter zur Frau zu nehmen.

Letztendlich ist die Tendenz der mittelalterlichen Sagen klar: Es geht darum, Judas in einem möglichst schlechten Licht darzustellen. Und dazu greift man auf alle vorhandenen Motivkomplexe zurück, mit denen die Boshaftigkeit eines Menschen umschrieben werden kann. Die Biografie, die man dabei von Judas Iskariot zeichnet, soll vor allem eines deutlich machen: Die Lebenslinien des Judas sind so verschlungen und verworren, dass dieser Judas als durch und durch schlechter Mensch enden musste.

Was ist der Judaspsalm?

Bei der Lektüre dessen, was das Neue Testament über Judas berichtet, zeigt sich immer wieder, dass man vieles über Judas bereits im Alten Testament vorhergesagt sah. Viele alttestamentliche Stellen wurden herangezogen, um das Bild des Judas, seine Tat und sein Ende zu zeichnen. Besonders den Psalm 109 hat man als einen „Judaspsalm" bezeichnet, weil in ihm vieles angedeutet wird, was sich später in der Person des Judas erfüllen würde. In diesem Psalm wird die Bitte um Hilfe gegen erbarmungslose Feinde laut. Der Psalmbeter klagt darüber, dass sich Frevler gegen ihn erhoben haben und ihm nach dem Leben trachten. In allen möglichen Facetten wird dabei das Tun der gottlosen Gegner beschrieben. Dagegen steht der Gerechte, der selbst in der größten Not auf Gottes Hilfe vertraut und das eigene Leben ganz in seine Hände legt. Aus neutestamentlicher Perspektive hat man diesen Psalm Jesus in den Mund gelegt, der über Judas klagt, welcher sich gegen ihn erhebt. Freilich muss zumindest am Rand die Bemerkung fallen, dass man über die konkrete Gestalt des Judas in diesem Psalm überhaupt nichts wiederfindet. Psalm 109 umschreibt das Tun irgendeines Frevlers, der sich gegen Gott erhebt. Mit dem konkreten Verrat des Judas an Jesus hat das im Endeffekt relativ wenig zu tun.

Anstelle eines Nachworts

Eine Bildbetrachtung zu einer Darstellung aus Vezelay/Burgund

Als letzte Anweisung im Kapitel über die Werkzeuge der geistlichen Kunst nennt der heilige Benedictus: „Und an Gottes Barmherzigkeit niemals verzweifeln".

Dieses Buch hat sich mit der Figur des Judas Iskariot auseinandergesetzt. Wir haben sein Leben betrachtet, gesehen, was die Evangelien über ihn berichten und welche Rezeptionsgeschichte er in den letzten 2000 Jahren durchlaufen hat. Wenn man heute den Namen „Judas" hört, dann denkt man oft an seinen Verrat. Er war derjenige, der Jesus der Tempelaristokratie überliefert und ihn somit seinem Tod ausgeliefert hat. Bis heute hat sich dieses stark negative Bild erhalten: Der „Judaskuss", der „Judaslohn" oder einfach die Bezeichnung „Judas" als beleidigende Herabwürdigung

Säulenkapitell in der Kirche Saint-Marie-Madeleine in Vézelay,
12. Jahrhundert

haben längst Eingang in unseren alltäglichen Sprachgebrauch gefunden.

Man hat sich von Judas distanziert. Das ist ja schon bei den vier Evangelien zu beobachten: Während das älteste Evangelium nach Markus noch relativ neutral über die Tat des Judas berichtet und Matthäus ihn sogar als reuigen Sünder beschreibt, ist das Bild von Judas im Johannesevangelium viel radikaler. Dort ist er von Anfang an ein schlechter Mensch, der nur aus Geldgier handelt und dem man nicht über den Weg trauen kann. Freilich: Es mag vor allem die Enttäuschung der frühen christlichen Gemeinde sein, die in die Perspektive der Evangelien auf Judas eingetragen wurde. Wenn einer so handelt wie Judas, dann muss er doch hinterhältig sein, dann war er doch nie ein glaubhafter Zeuge der nahegekommenen Gottesherrschaft.

Aber wer war Judas wirklich? Am Ende müssen wir zugeben, dass wir es nicht wissen. Wir kennen die Gründe für sein Handeln nicht, wir wissen eigentlich auch gar nichts über seine

Person. Wie von vielen anderen biblischen Gestalten auch haben wir nicht mehr als ein paar magere Fakten, die sich aus den Evangelien als historische Tatsachen herausfiltern lassen: Es hat einen Menschen namens Judas Iskariot gegeben. Dieser gehörte als Apostel zum inneren Kreis der Nachfolger Jesu. Er hat mit der Tempelaristokratie kooperiert und Jesus an die jüdische Führungselite verraten. Das ist wertneutral alles, was wir wirklich über Judas wissen.

Die Schichten, die sich im Lauf der Geschichte über diese Person des Judas gelegt haben, sind im Großen und Ganzen stark negativ geprägt. Man hat ihn immer schlechter gemacht und die Strafen, die er am Ende für seine Tat erleiden muss, ins Unermessliche getrieben. Er hat in seinem Leben etwas so Schreckliches getan, dass es dafür keinerlei Gnade gibt, fassen die mittelalterlichen Autoren schließlich zusammen.

Eine ganz andere Perspektive auf Judas zeigt ein Kapitell, das sich in der Kirche Saint-Marie-

Madeleine in der französischen Stadt Vézelay befindet. Die Kapitelle sind in der ersten Hälfte des 12. Jahrhunderts entstanden; das Leitmotiv, das die 99 Kapitelle verbindet, ist die Darstellung des Guten und des Bösen mithilfe unterschiedlicher Beispiele. Eines dieser Kapitelle zeigt einerseits die bekannte biblische Erzählung, dass sich Judas nach seiner Tat aus Reue selbst das Leben nimmt. Und auf der anderen Seite präsentiert es eine einigermaßen überraschende Szene: Jesus trägt Judas auf seinem Rücken. Ähnlich, wie wir es von Abbildungen des Guten Hirten kennen, der das Schaf um seine Schultern legt, so hat Jesus den toten Judas aufgeladen. Diese Szene wirkt befremdlich. Vor allem dann, wenn wir uns noch einmal in Erinnerung rufen, mit welch drastischen Worten man das Schicksal des Judas in früheren Jahrhunderten beschrieben hat. Judas war einer, der endgültig abgestempelt war und mit dem man nichts mehr zu tun haben wollte. Ganz anders die Darstellung auf dem Kapitell: Da ist nichts davon zu sehen, dass sich Jesus

von Judas distanziert habe. Keine Spur der Enttäuschung über den Verrat, kein Moment des
Hasses oder der Ausgrenzung. Vielmehr das
krasse Gegenteil: ein Jesus, der sich um seinen
Verräter sorgt, der ihn von seinem Strick ab-
schneidet und ihn auf seine Schultern lädt. Ein
Jesus, der das in seinem Leben verwirklicht,
was er auch anderen Menschen gepredigt hat:
„Liebt eure Feinde und betet für die, die euch
verfolgen (...). Wenn ihr nämlich nur die liebt,
die euch lieben, welchen Lohn könnt ihr dafür
erwarten?" (Mt 5,44.46).

Oft tun wir uns leicht damit, Judas in eine bestimmte Ecke zu stellen und ihn als Bösewicht
schlechthin abzuschreiben. Aber ist das wirklich mit dem Evangelium vereinbar? Eigentlich
nicht. Denn immer wieder erzählt doch Jesus
davon, wie sehr Gott jeder einzelne Mensch
am Herzen liegt. Wie wichtig ihm besonders
die sind, die vom rechten Weg abgekommen
sind und auf seine Barmherzigkeit vertrauen.
Ist es dann nicht gerade Judas, von dem wir
glauben und hoffen dürfen, dass er sich im

Tod mit sich selbst und mit Gott versöhnt hat? Müssen wir dann nicht sagen: „Ja, Judas hat in seinem Leben Fehler gemacht, aber Gottes Barmherzigkeit ist größer als unser menschliches Versagen. Bei Gott finden wir immer wieder einen Neuanfang, auch dann, wenn wir voreinander schuldig geworden sind"?

Jesus lädt Judas auf seine Schultern: ein eindrückliches Bild, das uns lehrt, neu über diesen Judas nachzudenken. Es reicht nicht, ihn mit Vorurteilen zu belasten und ihn als jemanden hinzustellen, mit dem man gar nichts mehr am Hut haben möchte. Es ist vielmehr angebracht, sich immer neu mit einem solchen Menschen auseinanderzusetzen, immer neu zu fragen, wie weit das Urteil, das man über den anderen gefällt hat, wirklich den Tatsachen und Fakten entspricht. Und es ist wichtig, immer auch eine gesunde Distanz zu dem einzunehmen, was man über einen anderen Menschen zu wissen glaubt.

Papst Franziskus hat schon mehrmals auf die Darstellung des Kapitells hingewiesen. Einmal sagt Franziskus: „Auf diesem Kapitell sieht man auf der einen Seite Judas, der sich erhängt hat, mit offenen Augen und herausgestreckter Zunge, und auf der anderen Seite sieht man den Guten Hirten, der ihn mit zu sich nimmt. Und wenn wir genau und ganz aufmerksam hinschauen, bemerken wir, dass das Gesicht des Guten Hirten, seine Lippen auf der einen Seite einen traurigen Ausdruck haben, auf der anderen Seite aber ein Lächeln zeigen. Die Barmherzigkeit ist ein Geheimnis, sie ist ein Geheimnis. Sie ist das Geheimnis Gottes" (Papst Franziskus, Begegnung mit den polnischen Bischöfen, Krakau, 27.07.2016).

„An Gottes Barmherzigkeit niemals verzweifeln", schreibt der heilige Mönchsvater Benedikt in seiner Regel. Blickt man noch einmal auf die lange Rezeptionsgeschichte, welche die Figur des Judas erlebt hat, so scheint es, dass viele Menschen an dieser göttlichen Barmherzigkeit gescheitert sind. Sie haben es ihm nicht zugetraut, auch einem Menschen einen Neuanfang zu gewähren, der selbst radikal gescheitert ist. Sie haben ihr eigenes Denken auf Gott projiziert und sind damit zum Schluss gekommen, dass es doch gar nicht anders sein kann, als dass Judas auf ewig in der Hölle schmort. Dabei ist es doch gerade Jesus selbst, der das ganze Evangelium in einem einzigen Satz zusammenfasst: Denkt größer von Gott und von den Menschen! (Mk 1,15).

Denken wir größer von der Barmherzigkeit, die Gott auch Judas schenkt. Und denken wir größer von diesem Menschen Judas, den wir allzu oft auf einen einzigen Moment in seinem Leben reduzieren und von dort aus das Urteil über ihn fällen.

Literatur

Lona, Horacio E.: Judas Iskariot. Legende und Wahrheit, Freiburg i.Br. (Herder), 2007.

Jens, Walter: Der Fall Judas, Stuttgart (Kreuz), 1975.

Klauck, Hans-Josef: Judas, ein Jünger des Herrn, Freiburg (Herder), 1987.

Meiser, Martin: Judas Iskariot. Einer von uns, Leipzig (EVA), 2004.

Oz, Amos: Jesus und Judas – ein Zwischenruf, Ostfildern (Patmos), 2018.

Wrembek, Christoph: Judas, der Freund, München u.a. (Neue Stadt), 2017.

Über den Autor

Dr. Fabian Brand, geboren 1991, studierte Katholische Theologie in Würzburg und Jerusalem. 2021 promovierte er zum Dr. theol. in Würzburg. Er ist Autor verschiedenster populärer Bücher zu kirchlichen Themen.

Bildnachweis